目次

	項目	出典	別冊	本冊
	古文ジャンル解説		2	
1	説話 狗張子	センター試験	6	14
2	物語 源氏物語	試行調査	16	28
3	物語 山路の露	共通テスト	26	44
4	日記 蜻蛉日記	共通テスト	36	58
5	評論 野守鏡	センター試験	46	72
6	説話・随筆 十訓抄・枕草子	予想問題	56	84
7	物語 増鏡	予想問題	64	98
8	物語 平家物語	予想問題	74	110
9	日記 和泉式部日記	予想問題	84	126
10	評論・随筆 勢語臆断・玉勝間	予想問題	94	144

古文ジャンル解説

古文の作品は、大まかに「**説話**」「**物語**」「**日記**」「**随筆**」「**評論**」の五つのジャンルに分類することができます。ジャンルごとに特徴があるので、それぞれの特徴を知っておくと、読解の助けとなり、短い試験時間の中で正解を出すのに有利になります。

問題を解き始める前に、リード文（古文本文の前に示される説明文）や古文本文の最後に書かれている作品名（出典）を必ず確認しましょう。その作品のジャンルがわかる場合は、ジャンルの特徴や読むときの注意事項を頭に置きながら読み進めます。ジャンルがわからない場合や、作品名が書かれていない場合は、主語や主旨を問う設問などを参考にして、ジャンルを知る手がかりを見つけながら読み進めます。本書は、問題をジャンル別に掲載しています。本書を通して、**ジャンルを意識した読み方**を身につけましょう。

説話

説話とは、伝説や民話を編者がまとめたものです。世事一般を扱いさまざまな階層の人々の姿を描いた**世俗説話**と、仏教信仰を広めるために書かれた**仏教説話**とに、大きく分けられます。どちらも意図を持って語られており、そこに教訓を読み取ることができます。

◎代表的な作品
世俗説話集＝宇治拾遺《うじしゅうい》物語・今《いま》物語・十訓抄《じっきんしょう》・古今著聞集《ここんちょもんじゅう》
仏教説話集＝発心集《ほっしんしゅう》・閑居友《かんきょのとも》・撰集抄《せんじゅうしょう》・沙石集《しゃせきしゅう》
世俗説話・仏教説話とも収録した説話集＝今昔《こんじゃく》物語集・古本《こほん》説話集

読解ポイント 編者の評価

一話一話が比較的短く、入試に出題されるときも一話完結の形をとります。主人公の言動が中心に描かれ、長々とした心情描写などは少ないのが特徴です。

文章の構成としては、まず主人公が紹介されます。そして、主人公が出来事に遭遇し、それに対して発言したり行動したりします。最後に、**その言動に対する編者の評価や感想**、**教訓**が述べられます。編者の評価や感想、教訓を読み取ることが、重要な読解ポイントとなります。

1　主人公の置かれた状況を読み取る（前提）

2　出来事と主人公の言動を読み取る（発端・展開）
▽「動詞」に着眼して、主人公の言動を読み進めます。

3　編者の評価や感想、教訓を読み取る（結末）
▽「形容詞」などに着眼して、評価や感想、教訓を読み取ります。

物語

物語は、いくつかの種類に分類することができます。中でも入試で多く出題されるのは、作り物語と歌物語です。**作り物語**は、虚構の物語で、多くは長編です。**歌物語**は、和歌の詞書《ことばがき》（説明文）が発達した、和歌を中心とした物語です。

物語には他に、歴史的事実を物語風に描いた**歴史物語**、武士たちの合戦を主題にした**軍記物語**などがあります。入試では、平安時代の作り物語を模した**擬古物語**も頻出です。

◎代表的な作品

作り物語＝竹取《たけとり》物語・うつほ物語・落窪《おちくぼ》物語・源氏《げんじ》物語・狭衣《さごろも》物語・堤中納言《つつみちゅうなごん》物語

歌物語　＝伊勢《いせ》物語・大和《やまと》物語・平中《へいちゅう》物語

歴史物語＝栄花《えいが》物語・大鏡《おおかがみ》・今鏡《いまかがみ》・水鏡《みずかがみ》・増鏡《ますかがみ》

軍記物語＝保元《ほうげん》物語・平治《へいじ》物語・平家《へいけ》物語・太平記《たいへいき》

読解ポイント　登場人物の心情

作り物語は、多くは長編で、入試では一部分が切り取られて出題されます。そのため、多くの場合、リード文があり、**人物関係やそれまでの経緯**が説明されています。ですから、まず、リード文の内容をきちんと読み取ることが必要です。

そのうえで、本文に書かれた状況の変化と、その変化を受けた**登場人物の心情**を読み取ります。登場人物の心情を描くのが、作り物語の特徴です。

歌物語は、一話一話が比較的短く、入試で出題されるときは一話完結の形をとります。リード文はない場合が多いので、本文から人物関係や状況を把握して、**歌に詠まれた心情**を読み取ります。

作り物語

1 リード文や注から人物関係や状況を読み取る

▽人物関係図があれば参照し、なければ自分で簡単に書きます。

2 本文から状況の変化を読み取る

▽時間の経過や状況の変化などを把握し、場面を確認します。

▽それぞれの場面（段落）の主要な人物を把握します。

3 変化に応じた人物の心情を読み取る

▽因果関係を理解し、人物の心情を読み取ります。

歌物語

1 本文から人物関係を読み取る

▽人物関係の把握によって、状況や心情の理解を深めます。

2 歌の詠まれた状況を読み取る

3 歌に詠まれた心情を読み取る

▽和歌の前後の文章も手がかりにして、掛詞《かけことば》などの修辞を見つけます。修辞は、強調したい部分に用いられるので、心情を読み取るヒントになります。

日記

日記とは、自分の身の周りで起きた出来事を回想的に記したもので、旅行中の見聞や感想を記した**紀行文**や、個人の和歌を集めた**私家集**のうち詞書が長く日記的要素の強いものも、日記のジャンルに含まれます。

◎代表的な作品

日記　＝土佐《とさ》日記・蜻蛉《かげろう》日記・和泉式部《いずみしきぶ》日記・紫式部《むらさきしきぶ》日記・更級《さらしな》日記・讃岐典侍《さぬきのすけ》日記・うたたね

紀行文＝海道記《かいどうき》・東関紀行《とうかんきこう》・十六夜《いざよい》日記・都《みやこ》のつと・おくのほそ道《みち》

私家集＝四条宮下野集《しじょうのみやのしもつけしゅう》・成尋阿闍梨母集《じょうじんあじゃりのははのしゅう》・建礼門院右京大夫集《けんれいもんいんうきょうのだいぶしゅう》

読解ポイント 「私」（＝筆者）の心情

入試では長い作品の一部が切り取られて出題されるので、多くの場合、リード文があります。まず、リード文で人物関係やそれまでの経緯を読み取ります。

日記の最大の特徴は、**「私」（＝筆者）という一人称の主語が省略されること**です。場合によっては、筆者の心を占めている相手（夫や恋人）を示す主語も省略されます。したがって、**主語を考えて読み進めることが鍵となります。**そのうえで、「私」の身に起きた出来事、そのときの「私」の心情を読み取ります。

1 リード文から人物関係やそれまでの経緯を読み取る

2 省略されている主語（「私」など）を補って読み進める

▽「助詞」や「敬語」に着眼し、主語を決定します。

3 「私」の身に起きた出来事を読み取る

4 出来事に遭遇したときの「私」の心情を読み取る

▽「私」や他者の言動に着眼し、心情を読み取ります。

随筆

随筆とは、筆者が日常の中で感じたことや強いこだわりを持っていることを、思いつくままに書いたものです。

◎代表的な作品

枕草子《まくらのそうし》・方丈記《ほうじょうき》・徒然草《つれづれぐさ》・折《おり》たく柴《しば》の記《き》・玉勝間《たまかつま》・花月草紙《かげつそうし》

読解ポイント　筆者のこだわり（好悪）

一話が比較的短く、入試で出題されるときは、多くの場合、一話完結の形をとります。

リード文はない場合がほとんどなので、本文から**筆者の関心事（テーマ）**を把握します。具体例や対比に着目しながら読み進めて、**筆者の「こだわり（好悪）」や「価値観」**を読み取ります。強いこだわりは筆者の主義・主張に通じますから、その点は「評論」に似ていますが、論理的でないところが「随筆」の特徴です。

1　筆者の関心事（テーマ）を把握する
2　具体例や対比を読み取る
3　筆者の「こだわり」や「価値観」を読み取る
▽プラスの評価（好き）とマイナスの評価（嫌い）を把握して、結論を読み取ります。

評論

古文で出題される評論には、歌論や能楽論があります。歌論や能楽論は、歌や能に対する筆者の見解や是非を論じたものです。本書では、注釈書も評論として扱っています。

◎代表的な作品
俊頼髄脳《としよりずいのう》・無名草子《むみょうぞうし》・無名抄《むみょうしょう》・毎月抄《まいげつしょう》・風姿花伝《ふうしかでん》・歌意考《かいこう》・源氏物語玉《たま》の小櫛《おぐし》

読解ポイント　筆者の主張（是非）

入試では、一話完結の形で出題される場合はリード文がなく、長い文章を切り取って出題される場合にはリード文があります。リード文がある場合には、まずリード文をしっかり読んで、**評論のテーマ**を把握します。

本文は、具体例や対比に着目しながら読み進め、**論理的な根拠**を確認して、**筆者の「主張（是非）」**を読み取ります。具体例や対比が示される点は「随筆」と共通していますが、根拠を示して論理的に論じているのが「評論」の特徴です。

1　評論のテーマを把握する
2　具体例や対比を読み取る
3　論理的な根拠を読み取る
4　筆者の主張を読み取る
▽プラスの評価（是）とマイナスの評価（非）を把握して結論を読み取ります。

1 説話

狗張子《いぬはりこ》

学習テーマ▼今回は、江戸時代の文章を扱います。本文の内容、文体や表現の特徴を把握して、本文がどのようなジャンルに属するものであるかを読み取りましょう。

センター試験
目標解答時間 20分
本冊（解答・解説）p.14

◆次の文章は、浅井了意『狗張子』の一話である。これを読んで、後の問いに答えよ。

福島角左衛門《かくざゑもん》は、生国《しやうこく》、播州《ばんしう》(注1)姫路の者なり。久しく宮仕へもせずして居たりしが、そのころ、太閤《たいかふ》(注2)秀吉の内、福島左衛門大夫とは少し旧交あるゆゑに、これを頼み、しかるべき取り立てにもあひ、奉公せばやと思ひ、故郷《ふるさと》を出《い》でて都におもむく。明石《あかし》、兵庫の浦を過ぎて尼が崎に出で、やうやう津(注3)の国高槻《たかつき》のほとりに至りぬれば、しきりに喉《のんど》かわきぬ。路《みち》のかたはらを見るに、小さき人家あり。その家、ただ女房一人あり。その容貌《かほかたち》の美しさ、またかかる辺鄙《へんぴ》にはあるべきとも思はれず。窓のあかりに向かうて足袋を縫ふ。角左衛門立ち寄りて、湯水を請ふ。女房、「やすきほどのことなり」と、隣の家に走り行きて、茶をもらうて、与へぬ。

角左衛門、しばし立ちやすらひ、その家の中《うち》を見めぐらすに、厨《くりや》(注4)、かまどの類《たぐひ》もなし。角左衛門、あやしみて、「いかに、火を焚《た》くことは、し給《たま》はずや」と問ふ。女房、「家貧しく身衰へて、飯《いひ》を炊《かし》ぎてみづから養ふことかなはず。あたり近き人家に雇はれてその日を送る、まことにかなしき世渡りにて侍《はべ》る」と、語るうちにも足袋を縫ふ。そのけしき、はなはだ忙はしく、いとまなき体《てい》と見ゆ。角左衛門、その貧困辛苦の体《てい》を見て、かぎりなくあはれにおぼえ、また、その容貌の(ア)優にやさしきに見とれて、やや傍《そば》に寄り、手を取りて、「かかる艶《えん》なる身をもちて、この辺鄙に貧しく送り給ふこそ遺恨なれ。我に従ひて、都にのぼり給へかし。よきにはからひ奉らん」と、A少しその心を挑みける。女房、(イ)けしからず振り放ちて、いらへもせず。ややありて、「我には、定まれaる夫侍り。名を藤内《とうない》とて、布を商ふ人なり。交易のために他国に出づ。わが身はここにとどまりて、家を守り、つつしんで舅《しうと》姑《しうとめ》に孝行を尽くし、みづから女の職事《しわざ》をつとめて、貧しき中にも、いかにもして朝暮《てうぼ》の養ひをいたし、飢寒に及ばざらんことをはかる。今すでに十年に及べり。幸ひ、明日、わが夫帰り来《きた》る。はや、とく、立ち去り給へ」と言へば、角左衛門、大きにその貞烈を感じ、B悔い愧《は》ぢて、僕《ぼく》(注5)に持たせたる破籠《わりご》(注6)やうのものを開き、餅《もちひ》、果物取り出だし、女房に与へ、去りぬ。

その夜は山崎(注7)に宿《しゆく》しけるが、あくる朝、かの女房のところに、所用のこと書きたる文《ふみ》とり落としけるゆゑ、跡へ戻りけるところに、道にて葬礼にあへり。「いかなる人bにや」と尋ぬれば、「布商人《あきびと》藤内を送る」と言ふ。角左衛門、大いに驚きあやしみて、その葬礼に従ひて墓所《むしよ》に至れば、すなはち昨日女房にあひしところなり。今見れば、家もなく跡も失《う》せて、ただ草蕭々《せうせう》(注8)たる野原《のばら》なり。その地を掘り葬るところを見れば、藤内が女房の棺《くわん》あり。棺の中に、あたらしき足袋一双《さう》、餅、果物ありのまま見ゆ。また、そのかたはらに古き塚二つあり。これを問へば、すなはち「その舅姑の塚なり」と。その年数を問へば、「十年に及ぶ」と言ふ。角左衛門、感激にたへず、送りcし者に右のあらまし語り、鳥目《てうもく》(注9)など配り与へて、ともに送葬の儀式を資《たす》け、かつ跡の弔《とぶら》ひのことまで(ウ)ねんごろにはからひて、そののち都へのぼりける。

C ああ、この女房、X といへども婦道を忘れず、舅姑《きうこ》に孝行を尽くして夫を待つ。いはんや、その Y 時は知りぬべし。

注
1 播州 —— 播磨国《はりまのくに》。現在の兵庫県南西部。
2 太閤秀吉の内、福島左衛門大夫 —— 豊臣《とよとみ》秀吉の家臣であった福島正則《まさのり》。
3 津の国 —— 摂津国。現在の大阪《おおさか》府北部と兵庫県東部にわたる地域。
4 厨 —— 厨房《ちゆうぼう》。台所。
5 僕 —— 召使いの男。しもべ。
6 破籠 —— 木製の弁当箱。
7 山崎 —— 地名。現在の京都府乙訓《おとくに》郡大山崎町の辺り。都のある山城国と摂津国を結ぶ交通の要所。
8 草蕭々たる —— 草がものさびしく風にそよぐさま。
9 鳥目 —— 金銭。

問一　傍線部(ア)〜(ウ)の解釈として最も適当なものを、次の各群の①〜⑤のうちから、それぞれ一つずつ選べ。（各5点）

(ア)　優にやさしきに

① 上品で優美である様子に
② 他《ほか》より際だって美しい様子に
③ 優雅でほっそりしている様子に
④ 凛《りん》としていて品格がある様子に
⑤ 穏やかで慈愛に満ちている様子に

(イ)　けしからず振り放ちて

① 男の無礼を不思議にも放《ほう》っておいて
② 男の誘いを当然のごとく拒絶して
③ 男の手をたいそう強く払いのけて
④ 自分の迷いを不道徳だと断ち切って
⑤ 自分の怒りを非常識なほど露《あらわ》にして

(ウ)　ねんごろにはからひて

① じっくりと計画を立てて
② こと細かに命じて
③ 熱心に相談して
④ 心を込めて処置して
⑤ 仰々しく世話をして

(ア)	(イ)	(ウ)

問二　波線部a～cの文法的説明として正しい組合せを、次の①～⑤のうちから一つ選べ。（5点）

① a 自発の助動詞　b 格助詞　c 過去の助動詞
② a 自発の助動詞　b 断定の助動詞　c サ行変格活用の動詞
③ a 下二段活用の動詞の一部　b 格助詞　c サ行変格活用の動詞
④ a 完了の助動詞　b 断定の助動詞　c サ行変格活用の動詞
⑤ a 完了の助動詞　b 断定の助動詞　c 過去の助動詞

□

問三　傍線部A「少しその心を挑みける」から傍線部B「悔い愧ぢて」に至る、角左衛門の心情の変化の説明として最も適当なものを、次の①～⑤のうちから一つ選べ。（7点）

① 女に心を動かされて気を引こうと試みたけれども、女の怒りの激しさに圧倒され、恐れ入って後悔した。
② 女に惹《ひ》かれ言い寄ってみたものの、女の境遇や意思を知って、自己の軽はずみな行為を反省し恥じ入った。
③ 女を貧しさゆえ侮っていたけれども、厳しくたしなめられて女を見直し、己の人を見る目のなさを自省した。
④ 女に好意を示したものの、実は既婚者であると分かり、自分の妻にできないことを内心残念に思った。
⑤ 女の本心を試すためにわざと軽々しく振る舞ったけれども、それが無用な行為だったと悟り、猛省した。

問四　傍線部C「ああ、この女房……知りぬべし」は、本文に語られている逸話に対する作者自身の評言に当たる部分である。これについて、次の(1)、(2)に答えよ。(1)4点、(2)5点)

(1)　空欄 X ・ Y に入る語句の組合せとして、最もふさわしいものを、次の①〜⑤のうちから一つ選べ。

①　X　貧し　　Y　豊かなる
②　X　情けなし　Y　情けある
③　X　艶なり　　Y　衰へたる
④　X　死す　　Y　生ける
⑤　X　飢う　　Y　足れる

□

(2)　ここで作者はどのような感想を抱いているのか。その説明として最も適当なものを、次の①〜⑤のうちから一つ選べ。

①　筋を通した女の生き方に心を打たれながらも、その薄幸な生涯に同情を覚えている。
②　夫と義父母にどこまでも尽くし通した女の誠実さに感銘を受け、心から称賛している。
③　決して浮気心を起こさなかった女の態度を、世の人々も見習うべきと訴えかけている。
④　けなげに生きた女が全く報われないままに亡くなった、この世の不条理を嘆いている。
⑤　気丈に生きた女が死後にやっと報われ往生を遂げたであろうことに、安堵《あんど》している。

□

問五　本文の内容に合致するものを、次の①～⑥のうちから二つ選べ。ただし、解答の順序は問わない。（各4点）

① 角左衛門は借金の取り立てから逃れて都へ上る途中、美しい女の世話になり、その家に忘れた手紙を取りに戻ったところで藤内の葬儀の列に出くわした。

② 女は角左衛門と会った翌日に死去し、人情に厚い角左衛門はこれを助けてやれなかったことを悔やんで、女の葬礼に参列したのちに都へ向かった。

③ 藤内の留守の間、女は忍耐強く藤内の帰りを待ちながら懸命に家を守っていたにもかかわらず、ついにこの世で共に暮らすことはできなかった。

④ 角左衛門は生真面目《きまじめ》とばかりは言えないものの情け深く、旅の途中で出会った女に食べ物を施したり、藤内の葬儀に際して援助を行ったりした。

⑤ 角左衛門の誘いを不粋にも受け入れなかった女は、実は十年も前に死去しており、幽霊となってなお婚家に留《とど》まり義父母に一途《いちず》に仕え続けていた。

⑥ 藤内が布商人に伴われ都から帰って来た時には女は既に亡くなっており、藤内は驚き嘆いたが、角左衛門はこれを励まし葬儀を行うのを手伝った。

問六　『狗張子』の表現および文学史に関する説明として最も適当なものを、次の①～⑤のうちから一つ選べ。（6点）

① 平安時代に盛行した物語文学の流れをくみ、「あはれにおぼえ」「驚きあやしみて」「感激にたへず」のような心情表現を重視した叙情的な文体で記されている。同じ江戸時代に成立した作品に、松尾芭蕉《ばしょう》の『笈《おい》の小文《こぶみ》』がある。

② 平安時代に盛行した物語文学の流れをくみ、「世間《よのなか》を憂しとやさしと思へども飛び立ちかねつ鳥にしあらねば」などの和歌表現を取り入れた流麗な文体で記されている。同じ江戸時代に成立した作品に、井原西鶴《さいかく》の『世間胸算用』がある。

③ 鎌倉時代に盛行した説話文学の流れをくみ、「走り行きて」「貧困辛苦の体を見て」「墓所に至れば」のような人物の行動を中心にした叙事的で簡潔な文体で記されている。同じ江戸時代に成立した作品に、上田秋成の『雨月物語』がある。

④ 鎌倉時代に盛行した説話集の流れをくみ、「布商人藤内を送る」「その舅姑の塚なり」「十年に及ぶ」といった短い会話を多用する歯切れよい文体で記されている。同じ江戸時代に成立した作品に、式亭三馬《さんば》の『東海道中膝栗毛《ひざくりげ》』がある。

⑤ 鎌倉時代に盛行した軍記物語の流れをくみ、「飢寒に及ばざらんことをはかる」「ただ草蕭々たる野原なり」のような漢文訓読調の文体で記されている。同じ江戸時代に成立した作品に、十返舎一九《じっぺんしゃいっく》の『南総里見八犬伝』がある。

（2008年本試験）

/50点

源氏物語《げんじものがたり》

学習テーマ▼ 物語を題材として、登場人物の心情や言動の意味を捉えるとともに、物語について話し合う生徒の言語活動の場面を想定し、和歌集との比較を通じて、表現の工夫や登場人物の心情等を捉えましょう。

試行調査
目標解答時間 20分
本冊(解答・解説) p.28

◆次の文章は『源氏物語』「手習《てならい》」巻の一節である。浮舟《うきふね》という女君は、薫《かおる》という男君の思い人だったが、匂宮《におうのみや》という男君から強引に言い寄られて深い関係になった。浮舟は苦悩の末に入水《じゅすい》しようとしたが果たせず、僧侶たちによって助けられ、比叡山《ひえいざん》のふもとの小野《おの》の地で暮らしている。本文は、浮舟が出家を考えつつ、過去を回想している場面から始まる。これを読んで、後の問いに答えよ。

あさましうもてそこなひたる身を思ひもてゆけば、宮(注1)を、すこしもあはれと思ひ聞こえけむ心ぞいとけしからぬ、ただ、この人の御ゆかりにさすらへぬるぞと思へば、小島《こじま》(注2)の色を例《ためし》に契り給《たま》ひしを、などてをかしと思ひ聞こえけむとこよなく飽きにたる心地す。はじめより、薄き(注3)ながらものどやかにものし給ひし人は、この折《をり》かの折など、思ひ出《い》づるぞこよなかりける。かくてこそありけれと聞きつけられ奉らむ恥づかしさは、人よりまさりぬべし。さすがに、この世には、ありし御さまを、よそながらだに、いつかは見むずるとうち思ふ、なほわろの心や、かくだに思はじ、などA心ひとつをかへさふ。

からうして鶏《とり》の鳴くを聞きて、いとうれし。母の御声を聞きたらむは、ましていかならむと思ひ明かして、心地もいとあし。供(注4)にてわたるべき人もとみに来ねば、なほ臥《ふ》し給へるに、いびき(注5)の人はいととく起きて、粥《かゆ》などむつかしきことどもをもてはやして、「御前《おまへ》に、とく(ア)聞こし召せ」など寄り来て言へど、まかなひもいと心づきなく、うたて見知らぬ心地して、「なやましくなむ」と、ことなしび給ふを、強《し》ひて言ふもいと(イ)こちなし。下《げ》衆《す》下衆しき法師ばらなどあまた来て、「僧都《そうづ》(注6)、今日下《お》りさせ給ふべし」、「などにはかには」と問ふなれば、「一品《いっぽん》の宮の御物《もの》の怪《け》になやませ給ひける、山の座主《ざす》御修法《ずほふ》仕《つか》まつらせ給へど、なほ僧都参り給はでは験《しるし》なしとて、昨日二たびなむ召し侍《はべ》りし。右大臣殿の四位少将、昨夜《よべ》夜更《ふ》けてなむ登りおはしまして、后《きさい》の宮の御文など侍りければ下りさせ給ふなり」など、いとはなやかに言ひなす。恥づかしうとも、あひて、尼になし給ひてよと言はむ、(ウ)さかしら人すくなくてよき折にこそと思へば、起きて、「心地のいとあしうのみ侍るを、僧都の下りさせ給へらむに、忌《い》(注7)むこと受け侍らむとなむ思ひ侍るを、さやうに聞こえ給へ」と語らひ給へば、ほけほけしうなづく。例の方(注8)におはして、髪は尼君(注9)のみ梳《けづ》り給ふを、別人《ことひと》に手触れさせむもうたておぼゆるに、手づから、はた、えせぬことなれば、ただすこしとき下《くだ》して、B親にいま一たびかうながらのさまを見えずなりなむこそ、人やりならずいと悲しけれ。いたうわづらひしけにや、髪もすこし落ち細りにたる心地すれど、何ばかりもおとろへず、いと多くて、六尺(注10)ばかりなる末などぞうつくしかりける。筋なども、いとこまかにうつくしげなり。「かかれとてしも」と独りごちゐ給へり。

注

1 宮――匂宮。
2 小島の色を例に契り給ひし――匂宮に連れ出されて宇治川《うじがわ》のほとりの小屋で二人きりで過ごしたこと。
3 薄きながらものどやかにものし給ひし人――薫のこと。
4 供にてわたるべき人――浮舟の世話をしている女童《めのわらわ》。
5 いびきの人――浮舟が身を寄せている小野の庵《いおり》に住む、年老いた尼。いびきがひどい。
6 僧都――浮舟を助けた比叡山の僧侶。「いびきの人」の子。
7 忌むこと受け侍らむ――仏教の戒律を授けてもらいたいということ。
8 例の方――浮舟がふだん過ごしている部屋。
9 尼君――僧都の妹。
10 六尺――約一八〇センチメートル。

問一　傍線部Ａ「心ひとつをかへさふ」とあるが、ここでの浮舟の心情の説明として最も適当なものを、次の①〜⑤のうちから一つ選べ。（7点）

① 匂宮に対して薄情だった自分を責めるとともに、現在の境遇も匂宮との縁があってこそだと感慨にふけっている。

② 匂宮と二人で過ごしたときのことを回想して、不思議なほどに匂宮への愛情を覚え満ち足りた気分になっている。

③ 薫は普段は淡々とした人柄であるものの、時には匂宮以上に情熱的に愛情を注いでくれたことを忘れかねている。

④ 小野でこのように生活していると薫に知られたときの気持ちは、誰にもまして恥ずかしいだろうと想像している。

⑤ 薫の姿を遠くから見ることすら諦めようとする自分を否定し、薫との再会を期待して気持ちを奮い立たせている。

問二　傍線部(ア)〜(ウ)の解釈として最も適当なものを、次の各群の①〜⑤のうちから、それぞれ一つずつ選べ。（各5点）

(ア)　聞こし召せ

① お起きなさい
② 着替えなさい
③ お食べなさい
④ 手伝いなさい
⑤ お聞きなさい

(イ)　こちなし

① 気が利かない
② 大げさである
③ 優しくない
④ 気詰まりだ
⑤ つまらない

(ウ)　さかしら人

① 知ったかぶりをする人
② 口出しをする人
③ 身分の高い人
④ あつかましい人
⑤ 意地の悪い人

(ア)
(イ)
(ウ)

問三　この文章の登場人物についての説明として適当でないものを、次の①～⑤のうちから一つ選べ。（7点）

① 浮舟は、朝になっても気分が悪く臥せっており、「いびきの人」たちの給仕で食事をする気にもなれなかった。

② 「下衆下衆しき法師ばら」は、「僧都」が高貴な人々からの信頼が厚い僧侶であることを、誇らしげに言い立てていた。

③ 「僧都」は、「一品の宮」のための祈禱《きとう》を延暦寺の座主に任せて、浮舟の出家のために急遽《きゅうきょ》下山することになった。

④ 「右大臣殿の四位少将」は、「僧都」を比叡山から呼び戻すために、「后の宮」の手紙を携えて「僧都」のもとを訪れた。

⑤ 「いびきの人」は、浮舟から「僧都」を呼んでほしいと言われても、ぼんやりした顔でただうなずくだけだった。

□

問四　傍線部B「親にいま一たびかうながらのさまを見えずなりなむこそ、人やりならずいと悲しけれ」の説明として最も適当なものを、次の①～⑤のうちから一つ選べ。（7点）

① 「かうながらのさま」とは、すっかり容貌の衰えた今の浮舟の姿のことである。

② 「見えずなりなむ」は、「見られないように姿を隠したい」という意味である。

③ 「こそ」による係り結びは、実の親ではなく、他人である尼君の世話を受けざるを得ない浮舟の苦境を強調している。

④ 「人やりならず」には、他人を責める浮舟の気持ちが込められている。

⑤ 「『……悲しけれ』と思ひ給ふ」ではなく「悲しけれ」と結ぶ表現には、浮舟の心情を読者に強く訴えかける効果がある。

問五　次に掲げるのは、二重傍線部「かかれとてしも」に関して、生徒と教師が交わした授業中の会話である。会話中にあらわれる遍昭《へんじょう》の和歌や、それを踏まえる二重傍線部「かかれとてしも」の解釈として、会話の後に六人の生徒から出された発言①〜⑥のうち、適当なものを二つ選べ。ただし、解答の順序は問わない。(各7点)

生徒　先生、この「かかれとてしも」という部分なんですけど、現代語に訳しただけでは意味が分からないんです。どう考えたらいいですか。

教師　それは、

たらちねはかかれとてしもむばたまの我《わ》が黒髪をなでずやありけむ

という遍昭の歌に基づく表現だから、この歌を知らないと分かりにくかっただろうね。古文には「引き歌」といって、有名な和歌の一部を引用して、人物の心情を豊かに表現する技法があるんだよ。

生徒　そんな技法があるなんて知りませんでした。和歌についての知識が必要なんですね。

教師　遍昭の歌が詠まれた経緯については、『遍昭集』という歌集が詳しいよ。歌の右側には、

なにくれといひありきしほどに、仕《つか》まつりし深草《ふかくさ》の帝《みかど》隠れおはしまして、かはらむ世を見むも、堪《た》へがたくかなし。蔵人の頭の中将などいひて、夜昼馴《な》れ仕まつりて、「名残りなからむ世に交《ま》じらはじ」とて、にはかに、家の人にも知らせで、比叡《ひえ》に上りて、頭《かしら》下ろし侍りて、思ひ侍りしも、さすがに、親などのことは、心にやかかり侍りけむ。

と、歌が詠まれた状況が書かれているよ。

生徒　そこまで分かると、浮舟とのつながりも見えてくる気がします。

教師 それでは、板書しておくから、歌が詠まれた状況も踏まえて、遍昭の和歌と『源氏物語』の浮舟、それぞれについてみんなで意見を出し合ってごらん。

① 生徒A —— 遍昭は、お仕えしていた帝の死をきっかけに出家したんだね。そのときに「たらちね」、つまりお母さんのことを思って「母はこのように私が出家することを願って私の髪をなでたに違いない」と詠んだんだから、遍昭の親は以前から息子に出家してほしいと思っていたんだね。

② 生徒B —— そうかなあ。この和歌は「母は私がこのように出家することを願って私の髪をなでたはずがない」という意味だと思うな。出家をして帝への忠義は果たしたけれど、育ててくれた親に申し訳ないという気持ちもあって、だから『遍昭集』で「さすがに」と言っているんだよ。

③ 生徒C —— 私はAさんの意見がいいと思う。浮舟も出家することで、遍昭と同じくお母さんの意向に沿った生き方をしようとしているんだよ。つまり、今まで親の期待に背いてきた浮舟が、これからの人生をやり直そうとしている決意を、心の中でお母さんに誓っていることになるね。

④ 生徒D —— 私も和歌の解釈はAさんのでいいと思うけど、『源氏物語』に関してはCさんとは意見が違う。薫か匂宮と結ばれて幸せになりたいというのが、浮舟の本心だったはずだよ。自分も遍昭のように晴れ晴れした気分で出家できたらどんなにいいかという望みが、浮舟の独り言から読み取れるよ。

⑤ 生徒E —— いや、和歌の解釈はBさんのほうが正しいと思うよ。浮舟も元々は気がすすまなかった、親もそれを望んでいない、それでも過去を清算するためには出家以外に道はないとわりきった浮舟の潔さが、遍昭の歌を口ずさんでいるところに表れているんだよ。

⑥　生徒F――私もBさんの解釈のほうがいいと思う。でも、遍昭が出家を遂げた後に詠んだ歌を、浮舟は出家の前に思い起こしているという違いは大きいよ。出家に踏み切るだけの心の整理を、浮舟はまだできていないということが、引き歌によって表現されているんだよ。

（2018年試行調査）

/50点

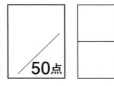

3 物語

山路《やまじ》の露《つゆ》

学習テーマ▼今回は擬古物語を扱います。二人の登場人物の置かれた状況や心情の違いを、和歌の解釈も踏まえて読み取りましょう。

共通テスト
目標解答時間 20分
本冊(解答・解説) p.44

◆次の文章は、『山路の露』の一節である。男君との恋愛関係のもつれに悩んで姿を消した女君は、やがて出家し、ある山里でひっそりと暮らしていた。女君の生存を伝え聞いた男君は、女君の弟（本文では「童」）を使いとして何度か手紙を送ったが、女君は取り合わなかった。本文は、あきらめきれない男君が女君の住む山里を訪ねる場面から始まる。これを読んで、後の問いに答えよ。

夕霧たちこめて、道いとたどたどしけれども、深き心をしるべにて、急ぎわたり給《たま》ふも、(ア)かつはあやしく、今はそのかひあるまじきを、と思《おぼ》せども、ありし世の夢語りをだに語り合はせまほしう、行く先急がるる御心地になむ。浮雲はらふ四方《よも》の嵐に、月なごりなうすみのぼりて、千里《ちさと》(注1)の外《ほか》まで思ひやらるる心地するに、いとど思し残すことあらじかし。山深くなるままに、道いとしげう、露深ければ、御随身《ずいじん》いとやつしたれどさすがにつきづきしく、御前駆《さき》の露はらふ様もをかしく見ゆ。

かしこは、山のふもとに、いとささやかなる所なりけり。まづかの童《わらは》を入れて、案内(注2)み給へば、

「こなたの門だつ方は鎖《さ》して侍《はべ》るめり。竹の垣ほしわたしたる所に、通ふ道の侍るめり。ただ入らせ給へ。人影

もし侍らず」

と聞こゆれば、

「しばし音なくてを」

とのたまひて、我ひとり入り給ふ。

小柴《こしば》といふもの(イ)はかなくしなしたるも、同じことなれど、いとなつかしく、よしある様なり。妻戸も開《あ》きて、いまだ人の起きたるにや、と見ゆれば、しげりたる前栽《せんざい》のもとよりつたひよりて、軒近き常磐木《ときはぎ》の所せくひろごりたる下にたち隠れて見給へば、こなたは仏の御前なるべし。名香《みやうがう》(注3)の香《か》、いとしみ深くかをり出でて、ただこの端つ方に行ふ人あるにや、経の巻き返さるる音もしのびやかになつかしく聞こえて、しめじめとものあはれなるに、なにとなく、やがて御涙すすむ心地して、つくづくと見ゐ給へるに、とばかりありて、行ひはてぬるにや、

「いみじの月の光や」

とひとりごちて、簾《すだれ》のつま少し上げつつ、月の顔をつくづくとながめたるかたはらめ、昔ながらの面影ふと思し出でられて、いみじうあはれなるに、見給へば、月は残りなくさし入りたるに、鈍色《にびいろ》(注4)、香染《かうぞめ》などにや、袖口なつかしう見えて、額髪《ひたひがみ》のゆらゆらと削《そ》ぎかけられたるまみのわたり、いみじうなまめかしうをかしげにて、かかるしもこそらうたげさまさりて、忍びがたうまもりゐ給へるに、なほ、とばかりながめ入りて、

「里わかぬ雲居の月の影のみや見し世の秋にかはらざるらむ」

と、しのびやかにひとりごちて、涙ぐみたる様、いみじうあはれなるに、まめ人(注5)も、さのみはしづめ給はずやありけむ、

「ふるさとの月は涙にかきくれてその世ながらの影は見ざりき」

とて、ふと寄り給へるに、いとおぼえなく、化け物などいふらむものにこそと、むくつけくて、奥ざまに引き入り給ふ袖を引き寄せ給ふままに、せきとめがたき御気色《けしき》を、さすが、それと見知られ給ふは、いと恥づかしう口惜しくおぼえつつ、ひたすらむくつけきものならばいかがはせむ、世にあるものとも聞かれ奉りぬるをこそは憂きことに思ひつつ、いかであらざりけりと聞きなほされ奉らむと、とざまかうざまにあらまされ(注6)つるを、のがれがたく見あらはされ奉りぬると、せむかたなくて、涙のみ流れ出でつつ、我にもあらぬ様、いとあはれなり。

注

1 千里の外まで —— はるか遠くまで。
2 案内み給へば —— 様子をうかがわせてみると。
3 名香 —— 仏前でたく香。
4 鈍色、香染 —— どちらも出家者が身につける衣の色。
5 まめ人 —— きまじめな人。ここでは、男君を指す。
6 あらまされつる —— 願っていた。

問一　傍線部(ア)・(イ)の解釈として最も適当なものを、次の各群の①～⑤のうちから、それぞれ一つずつ選べ。（各5点）

(ア)　かつはあやしく
① 一方では不思議で
② 一方では不愉快で
③ 一方では不気味で
④ そのうえ不体裁で
⑤ そのうえ不都合で

(イ)　はかなくしなしたる
① かわいらしく飾ってある
② 崩れそうな様子である
③ 形ばかりしつらえてある
④ こぎれいに手入れしてある
⑤ いつのまにか枯れている

(ア)	(イ)

問二　二重傍線部「ありし世の夢語りをだに語り合はせまほしう、行く先急がるる御心地になむ」の語句や表現に関する説明として最も適当なものを、次の①～⑤のうちから一つ選べ。（6点）

①「ありし世の夢語り」には、二人の仲は前世からの縁であるはずだと、男君が夢想していたことが表現されている。

②「だに」は「まほしう」と呼応して、男君がわずかな望みにもすがりたいような心境であったことを表現している。

③「語り合はせ」の「せ」は使役の意味で、男君が女君自身の口から事情を説明させようとしていることを表現している。

④「急がるる」の「るる」は可能の意味で、女君のためなら暗い山道を行くこともいとわない男君の決意を表現している。

⑤「なむ」の後には「侍らめ」が省略されているが、それをあえて書かないことで余韻をもたせた表現になっている。

問三　この文章の男君の行動や心境についての説明として最も適当なものを、次の①〜⑤のうちから一つ選べ。（6点）

① 女君のもとへ行く途上、先導の者が露を払いながら進むのを見て、山道の雰囲気に合う優美な様子だと思っていた。
② 童に女君の住まいの様子を調べさせたが、その童が余計な口出しをするのを不快に思い、黙っているように命じた。
③ 女君の住まいの様子が、かつて二人で過ごした場所の雰囲気によく似ているのを見て、懐かしさを覚えた。
④ 木陰から垣間見たところ、仏道修行に励んでいる女君の姿を目にし、女君の敬虔《けいけん》さに改めて心ひかれた。
⑤ 独り歌を詠み涙ぐむ女君の、可憐《かれん》な姿を目にするうちに、隠れて見ているだけでは飽き足りなくなってしまった。

□

問四　この文章の女君の心境についての説明として適当なものを、次の①～⑥のうちから二つ選べ。ただし、解答の順序は問わない。（各7点）

① 突然現れた男君を化け物だと思い込み、着物の袖をつかまれたことで、涙がこぼれるほど恐ろしく感じた。

② 目の前の相手が男君であることを知って動揺し、化け物であってくれたほうがまだあきらめがつくと思った。

③ 男君ほどつらい思いをしている者はこの世にいないだろうと世間が噂《うわさ》しているのを聞き、不愉快に感じていた。

④ 男君に見つかってしまったのは、歌を口ずさんだのを聞かれたせいに違いないと思い、軽率な行動を後悔した。

⑤ 男君に姿を見られてしまい、もはや逃げも隠れもできない状況になってしまったことを悟って、途方に暮れた。

⑥ 男君が以前とは打って変わってひどくやつれているのを見て、その苦悩の深さを知り、同情の気持ちがわいた。

問五　この文章では、「月」がたびたび描かれ、登場人物を照らし、和歌にも詠まれている。それぞれの場面についての説明として適当なものを、次の①〜⑥のうちから二つ選べ。ただし、解答の順序は問わない。（各7点）

① 3行目「月なごりなうすみのぼりて」では、遠く離れた場所に住む女君のもとへといいたる道のりを月が明るく照らし出すことで、夜の山道を行くことをためらっていた男君の心の迷いが払拭されたことが象徴的に表現されている。

② 18行目「月の顔をつくづくとながめたる」では、女君は月を見て男君の面影を重ねながら長々と物思いにふけっており、男君がいつかはこの山里まで訪ねてきてしまうのではないかと、女君が不安に思っていることが明示されている。

③ 18行目「月の顔をつくづくとながめたる」女君の横顔は、男君の目には昔と変わらないように見えたが、19行目「残りなくさし入りたるに」では、月の光が女君の尼姿を照らし出し、以前とは異なる魅力を男君に発見させている。

④ 17行目「いみじの月の光や」、22行目「里わかぬ雲居の月」と、女君が月を見て二度まで独りごとを言う場面では、仏道修行に専念する生活の中で、月だけが女君のつらい過去を忘れさせてくれる存在であったことが暗示されている。

⑤ 22行目「里わかぬ雲居の月」の歌における月は、世を捨てた者の暮らす山里までもあまねく照らすものとして詠まれており、昔と変わらないその光が、以前とは身の上が大きく変わってしまったことを、否応《いやおう》なく女君に意識させている。

⑥　25行目「ふるさとの月」の歌は、22行目「里わかぬ雲居の月」の歌に答える形で詠まれたものだが、かつての女君の姿を月にたとえて出家を惜しんでいるところに、女君の苦悩を理解しない男君の、独りよがりな心が露呈している。

50点

（2021年追試験）

4 日記

蜻蛉日記《かげろうにっき》

学習テーマ▼今回は日記文を扱います。状況の変化によって筆者の心情がどのように変化するのかを丁寧に読み取りましょう。

共通テスト
目標解答時間 20分
本冊（解答・解説）p.58

◆次の文章は、『蜻蛉《かげろう》日記』の一節である。療養先の山寺で母が死去し、作者はひどく嘆き悲しんだ。以下は、その後の場面から始まる。これを読んで、後の問いに答えよ。なお、設問の都合で本文の段落に1〜6の番号を付してある。

1 かくて、とかうもの（注1）することなど、いたつく（注2）人多くて、(ア)みなしはてつ。いまはいとあはれなる山寺に集ひて、つれづれとあり。夜、目もあはぬままに、嘆き明かしつつ、山づらを見れば、霧はげに麓《ふもと》をこめたり。京もげに誰《た》がもとへかは出《い》でむとすらむ、いで、なほここながら死なむと思へど、生くる（注3）人ぞいとつらきや。

2 かくて十余日になりぬ。僧ども念仏のひまに物語するを聞けば、「この亡くなりぬる人の、あらはに見ゆるところなむある。さて、近く寄れば、消え失せぬなり。遠うては見ゆなり」「いづれの国とかや」「みみらくの島となむいふなる」など、口々語るを聞くに、いと知らまほしう、悲しうおぼえて、かくぞいはるる。

ありとだによそにても見む名にし負はばわれに聞かせよみみらくの島

といふを、兄人《せうと》なる人聞きて、それも泣く泣く、

いづことか音にのみ聞くみみらくの島がくれにし人をたづねむ

3 かくてあるほどに、立ち(注4)ながらものして、日々にとふめれど、ただいまは何心もなきに、穢《けが》らひの心もとなきこと、おぼつかなきことなど、むつかしきまで書きつづけてあれど、ものおぼえざりしほどのことなればにや、おぼえず。

4 里にも急がねど、心にしまかせねば、今日、みな出で立つ日になりぬ。来し時は、膝に臥《ふ》し給《たま》へりし人を、いかでか安らかにと思ひつつ、わが身は汗になりつつ、さりともと思ふ心そひて、頼もしかりき。此度《こたみ》は、いと安らかにて、あさましきまでくつろかに乗られたるにも、道すがらいみじう悲し。

5 降りて見るにも、(イ)さらにものおぼえず悲し。もろともに出で居つつ、つくろはせし草なども、わづらひしよりはじめて、うち捨てたりければ、生ひこりていろいろに咲き乱れたり。わざと(注5)のことなども、みなおのがとりどりすれば、我はただつれづれとながめをのみして、「ひとむらすすき虫の音《ね》の」とのみぞいはるる。

手ふれねど花はさかりになりにけりとどめおきける露にかかりて

などぞおぼゆる。

6 これかれ(注6)ぞ殿上などもせねば、穢らひもひとつにしなしためれば、おのがじしひき局《つぼね》(注7)などしつつあめる中に、我のみぞ紛るることなくて、夜は念仏の声聞きはじむるより、やがて泣きのみ明かさる。四十九日《しじふくにち》(注8)のこと、誰《たれ》も欠くことなくて、家にてぞする。わが知る人(注9)、おほかたのことを行ひためれば、人々多くさしあひたり。わが心ざしをば、仏をぞ描《か》かせたる。その日過ぎぬれば、みなおのがじし行きあかれぬ。ましてわが心地は心細うなりまさりて、いとどやるかたなく、人(注10)はかう心細げなるを思ひて、ありしよりはしげう通ふ。

注

1 とかうものすることなど —— 葬式やその後始末など。
2 いたつく —— 世話をする。
3 生くる人 —— 作者を死なせないようにしている人。
4 立ちながらものして —— 作者の夫である藤原兼家が、立ったまま面会しようとしたということ。立ったままであれば、死の穢《けが》れに触れないと考えられていた。
5 わざとのこと —— 特別に行う供養。
6 これかれぞ殿上などもせねば、穢らひもひとつにしなしためれば —— 殿上人もいないので、皆が同じ場所に籠もって喪に服したことを指す。殿上で働く人には、服喪に関わる謹慎期間をめぐってさまざまな制約があった。
7 ひき局 —— 屛風《びょうぶ》などで仕切りをして一時的に作る個人スペース。
8 四十九日のこと —— 人の死後四十九日目に行う、死者を供養するための大きな法事。
9 わが知る人 —— 作者の夫、兼家。
10 人 —— 兼家。

問一　傍線部(ア)・(イ)の解釈として最も適当なものを、次の各群の①〜⑤のうちから、それぞれ一つずつ選べ。（各5点）

(ア)　みなしはてつ
① 皆が疲れ果てた
② すべて済ませた
③ 一通り体裁を整えた
④ 見届け終わった
⑤ 悲しみつくした

(イ)　さらにものおぼえず
① 少しもたとえようがないくらい
② これ以上は考えられないくらい
③ 再び思い出したくないくらい
④ もはや何も感じないくらい
⑤ 全く何もわからないくらい

(ア)	(イ)

問二　[2]段落、[3]段落の内容に関する説明として適当なものを、次の①～⑥のうちから二つ選べ。ただし、解答の順序は問わない。（各6点）

① 僧たちが念仏の合間に雑談しているのを聞いて、その不真面目な態度に作者は悲しくなった。

② 作者は「みみらくの島」のことを聞いても半信半疑で、知っているなら詳しく教えてほしいと兄に頼んだ。

③ 「みみらくの島」のことを聞いた作者の兄は、その島の場所がわかるなら母を訪ねて行きたいと詠んだ。

④ 作者は、今は心の余裕もなく死の穢れのこともあるため、兼家にいつ会えるかはっきりしないと伝えた。

⑤ 兼家は、母を亡くした作者に対して、はじめは気遣っていたが、だんだんといい加減な態度になっていった。

⑥ 作者は、母を亡くして呆然《ぼうぜん》とする余り、兼家から手紙を受け取っても、かえってわずらわしく思った。

問三　[4]段落に記された作者の心中についての説明として最も適当なものを、次の①～⑤のうちから一つ選べ。（7点）

① 自宅には帰りたくないと思っていたので、人々に連れられて山寺を去ることを不本意に思っていた。
② 山寺に向かったときの車の中では、母の不安をなんとか和らげようと、母の気を紛らすことに必死だった。
③ 山寺へ向かう途中、母の死を予感して冷や汗をかいていたが、それを母に悟られないように注意していた。
④ 山寺に到着するときまでは、祈禱《きとう》を受ければ母は必ず回復するに違いないと、僧たちを心強く思っていた。
⑤ 帰りの車の中では、介抱する苦労がなくなったために、かえって母がいないことを強く感じてしまった。

問四　[5]段落の二重傍線部「ひとむらすすき虫の音の」は、『古今和歌集』の、ある和歌の一部を引用した表現である。その和歌と詞書《ことばがき》（和歌の前書き）は、次の【資料】の通りである。これを読んで、後の(i)・(ii)の問いに答えよ。（(i)6点、(ii)8点）

【資料】

藤原（注1）利基朝臣《としもとのあそん》の右近中将にて住み侍《はべ》りける曹司《ざうし》（注2）の、身まかりてのち、人も住まずなりにけるに、秋の夜ふけてものよりまうで来けるついでに見入れければ、もとありし前栽もいと繁く荒れたりけるを見て、はやくそこに侍りければ、昔を思ひやりてよみける

御春有助《みはるのありすけ》（注3）

君が植ゑしひとむらすすき虫の音のしげき野辺ともなりにけるかな

注
1 藤原利基朝臣――平安時代前期の貴族。
2 曹司――邸宅の一画にある、貴人の子弟が住む部屋。
3 御春有助――平安時代前期の歌人。

(i)【資料】の詞書の語句や表現に関する説明として最も適当なものを、次の①～⑤のうちから一つ選べ。

① 「人も住まずなりにける」の「なり」は伝聞を表し、誰も住まないと聞いたという意味である。
② 「見入れければ」は思わず見とれてしまったところという意味である。
③ 「前栽」は庭を囲むように造った垣根のことである。
④ 「はやく」は時の経過に対する驚きを表している。
⑤ 「そこに侍りければ」は有助が利基に仕えていたことを示す。

□

(ii)【資料】および[5]段落についての説明として最も適当なものを、次の①～⑤のうちから一つ選べ。

① [5]段落の二重傍線部は、親しかった人が残した植物の変化を描く【資料】と共通しているために思い起こされたものだが、【資料】では利基の死後は誰も住まなくなった曹司の庭の様子が詠まれているのに対して、[5]段落では母が亡くなる直前まで手入れをしていたおかげで色とりどりに花が咲いている様子が表現されている。
② [5]段落の二重傍線部は、親しかった人が残した植物の変化を描く【資料】と共通しているために思い起こされたものだが、【資料】では荒れ果てた庭のさびしさが「虫の音」によって強調されているのに対して、[5]段落では自由に咲き乱れている草花のたくましさが「手ふれねど」によって強調されている。

③　5段落の二重傍線部は、親しかった人が残した庭の様子を描く【資料】と共通しているために思い起こされたものだが、【資料】では虫の美しい鳴き声を利基に聴かせたいという思いが詠まれているのに対して、5段落では母の形見として咲いている花をいつまでも残しておきたいという願望が詠まれている。

④　5段落の二重傍線部は、手入れする人のいなくなった庭の様子を描く【資料】と共通しているために思い起こされたものだが、【資料】では野原のように荒れた庭を前にしたもの悲しさが詠まれているのに対して、5段落では悲しみの中にも亡き母が生前に注いだ愛情のおかげで花が咲きほこっていることへの感慨が表現されている。

⑤　5段落の二重傍線部は、手入れする人のいなくなった庭の様子を描く【資料】と共通しているために思い起こされたものだが、【資料】では利基が植えた草花がすっかり枯れてすすきだけになったことへの落胆が詠まれているのに対して、5段落では母の世話がないにもかかわらずまだ花が庭に咲き残っていることへの安堵《あんど》が表現されている。

□

問五　6段落では、作者の孤独が描かれているが、その表現についての説明として適当でないものを、次の①～⑤のうちから一つ選べ。（7点）

①　推定・婉曲を表す「めり」が繰り返し用いられることで、周囲の人々の様子をどこか距離を置いて見ている作者のあり方が表現されている。

②　「おのがじし」の描写の後に、「我」「わが」と繰り返し作者の状況が対比されることで、作者の理解されない悲しみが表現されている。

③　「仏をぞ描かせたる」には、心を閉ざした作者を慰めるために兼家が仏の姿を描いてくれたことへの感謝の気持ちが、係り結びを用いて強調されている。

④　「いとどやるかたなく」からは、母を失った悲しみのほかに、親族が法要後に去って心細さまで加わった、作者の晴れない気持ちが読み取れる。

⑤　「人はかう心細げなるを思ひて」からは、悲しみに暮れる作者に寄り添ってくれる存在として、作者が兼家を認識していることがうかがわれる。

（2022年追試験）

50点

4

5 評論

野守鏡《のもりのかがみ》

学習テーマ▼ 今回は歌論を扱います。段落ごとの趣旨を読み取りながら、具体例や根拠を通して繰り返し示される筆者の主張を読み取りましょう。

センター試験
目標解答時間 20分
本冊（解答・解説）p.72

◆次の文章は、鎌倉時代の歌論『野守鏡』の一節である。当時の有名な歌人、京極為兼《きょうごくためかね》の作とされる「荻《をぎ》の葉をよくよく見れば今ぞ知るただ大きなる薄《すすき》なりけり」の歌をきっかけとして、筆者の見解を述べている箇所である。これを読んで、後の問いに答えよ。

それ世俗の詞《ことば》を離れて大和詞《やまとことば》を離るべからず。しかあれば口伝《くでん》(注1)にも「詞は古きを慕ひ、心は新しきを求めよ」と言へり。世俗の詞と言ふは、かの荻の歌のごとく、「よくよく見れば」「ただ大きなる」など言へるやうなる詞なり。大和詞によくよく見る心を言はば、「つくづくとながむれば」とも言ひ、また「つくづく見れば」「あくまで見れば」など言ふべきにや。また大きなる薄を詠まんには、先に言ふがごとく、「末葉《すゑば》の高き」とも言ひ、また「葉末《はずゑ》の広き」とも言ふべきにこそ。寂蓮《じやくれん》(注2)は「(ア)歌ほどいみじきことなし。猪《ゐのしし》のむくつけく恐ろしげなるものまで、『枯草《かるも》(注3)掻《か》く臥《ふ》す猪《ゐ》の床《とこ》』など詠みぬれば、やさしくなれり」と申しけるやうに、やさしからぬことをもやさしく和《やは》らげ詠めばこそ、大和詞のおもしろきことにて侍《はべ》るに、かの卿《きやう》の歌の趣のごとくならば、「猪の臥したる床」など詠むべきにや。人木石《ぼくせき》にあらざれば、皆思ふ心はありといへども、詞よく和らぐることのかなはざるによりてこそ、詠み詠まず、劣り優《まさ》る人もあることにては侍るに、世俗に言ふがごとく、大きなるものをやがて「大きなり」と言ひ、小さきものをやがて「小さき」と言はんには、(イ)誰《たれ》か歌を詠まざるべき。

また心を表すことは、いづれも同じことにて侍れども、経論《きやうろん》(注4)、外典《げてん》(注5)、解状《げじやう》(注6)、消息《せうそこ》、真名《まな》(注7)、仮名、世俗の物語、詩歌の詞ども、皆その文体異なり。何ぞいま和歌と世俗と同じくせんや。藤原(注8)保昌《やすまさ》、歌をうらやみて、

　早朝に起きてぞ見つる梅花を夜陰大風不審不審に

と詠みたりける、和泉式部《いづみしきぶ》聞きて、「歌詞《うたことば》にはかくこそ詠め」とて、

　X 起きてぞ見つる梅の花夜の間の風の Y

と和らげたりける、同じ心とも覚えず、おもしろく聞こゆるをもても知るべし。その詞違《たが》へば、その心失《う》するものなり。ただ保昌が詠のごとし。ただ世俗の詞もよく詠めば歌詞になり、歌詞も悪《あ》しく詠めば世俗の詞になることにて侍り。詞はそれ心の使ひなるがゆゑに、詞おろそかなれば、心もおろそかに聞こゆ。詞切《せち》なれば、心も切に聞こゆるなり。しかあるに、詞の中には、また歌詞肝心たるによりて、百遍に書きたる文よりも、わづかに三十一字に言へる心は切に覚ゆるゆゑにこそ、天地《あめつち》(注9)を動かし、目に見ぬ鬼神《おにがみ》、猛《たけ》き武士《もののふ》、男女の仲をも和らぐることにて侍るに、かの歌は詞つたなきがゆゑに、文にもこよなく劣りて見え侍り。これ独《ひと》り思ふにあらず。いまだかの歌を感ずる人を聞かず。ただかかる風情、詞をも詠むべきにやと疑ふ人多し。かつはかく山がつの誹《そし》りを負ひぬるも、あまねく人の心にかなはざるゆゑなるべし。

また(注10)A上古《じやうこ》の歌もさのみこそ侍んめれとて、病、(注11)禁忌をも除かざること、ゆゆしき過ちにて侍り。歌いまだ定まらざりし時は申すに及ばず、『古今集』よりこの方は、病を除かざることなし。ただおのづから病ある歌を撰《えら》び入れたることあり。それも皆ゆゑあるべし。あるいは心めづらしく、あるいは詞やさしきにつきてこそ、(注12)身に大節ある時は、少しき誤りを言はざる義なり。しかるに、今その咎《とが》許さるばかりの心詞もなくして、いかでかこれをB許さるべきにや。和歌は善悪の心に通ふがゆゑに、ことに禁忌の詞を戒め侍り。

注

1 口伝――ここでは藤原定家『近代秀歌』をさす。
2 寂蓮――平安時代末期・鎌倉時代初期の有名な歌人、僧侶。
3 枯草掻く――猪が寝るときに枯れ草を掻き集めて敷くことから、「猪」の枕詞《まくらことば》。
4 経論――ここでは仏教書をさす。
5 外典――仏教書以外の書物で、特に儒教の書物をいう。
6 解状――公文書。
7 真名、仮名――ここではそれぞれ漢文、仮名文をさす。
8 藤原保昌――平安時代中期の貴族。和泉式部の夫。
9 天地を動かし~男女の仲をも和らぐる――『古今和歌集』「仮名序」の和歌の効用を説いた一節を引用したもの。
10 上古――ここでは奈良時代・平安時代初期をさす。
11 病――和歌における、修辞上の欠点のこと。
12 身に大節ある時は――『古文孝経』の古い注釈の「大節身に在らば、小過有りと雖《いへど》も不孝とせず（大きな礼節が身についているなら、小さな過ちがあっても、不孝とはいわない、の意）」という一節を、文脈にふさわしく転用した表現。

問一　傍線部(ア)・(イ)の解釈として最も適当なものを、次の各群の①～⑤のうちから、それぞれ一つずつ選べ。（各5点）

(ア)　歌ほどいみじきことなし
① 歌ほど容易なものはない
② 歌ほど力強いものはない
③ 歌ほど素晴らしいものはない
④ 歌ほどやっかいなものはない
⑤ 歌ほど変わりやすいものはない

(イ)　誰か歌を詠まざるべき
① いったい誰《だれ》が歌を詠めないことがあろうか
② まったく誰も歌を詠めなくなってしまうだろう
③ はたして誰が歌を詠むことになるのだろうか
④ 必ずしも誰もが歌を詠めるというわけではない
⑤ たやすく誰でもが歌を詠めてはいけないのか

(ア)	(イ)

問二　X・Y に入る語句の組合せとして最も適当なものを、次の①〜⑤のうちから、一つ選べ。（7点）

① X　朝まだき　Y　うしろめたさに
② X　夜もすがら　Y　いぶかしければ
③ X　朝ぼらけ　Y　吹きもこそすれ
④ X　ひねもすに　Y　すさまじければ
⑤ X　つとめてに　Y　さうざうしさに

問三　傍線部Ａ「上古の歌もさのみこそ侍んめれとて、病、禁忌をも除かざること、ゆゆしき過ちにて侍り」の解釈として正しいものを、次の①～⑤のうちから一つ選べ。（8点）

①　上古の歌にもただもう世俗の詞だけが使われていたのでしょうから、「病」や「禁忌」にあたる表現を取り除かなくても、たいした間違いにはなりません。

②　上古の歌にも稚拙な詞ばかりが用いられていたのでしょうと見なして、「病」や「禁忌」にあたる表現を取り除かずにいるのは、歌道の将来にとって不吉な間違いと申せます。

③　上古の歌にも明らかに「病」や「禁忌」にあたる表現があったのだから構わないでしょうと思って、「病」や「禁忌」を取り除かないのは、とんでもない間違いです。

④　上古の歌にはさほど「病」や「禁忌」にあたる表現がなかったようですが、近頃《ちかごろ》は、「病」や「禁忌」を取り除かなくては、取り返しのつかない間違いを起こします。

⑤　上古の歌には「病」や「禁忌」にあたる表現があったとはしましても、「病」や「禁忌」を取り除かなくてはならないほど、はなはだしい間違いではありません。

問四　傍線部B「許さるべきにや」の文法的説明として正しいものを、次の①～⑤のうちから、一つ選べ。（5点）

① 「許さ」は動詞の未然形＋「る」は完了の助動詞の連体形＋「べき」は推量の助動詞の終止形＋「にや」は願望の終助詞

② 「許さる」は動詞の終止形＋「べき」は推量の助動詞の連体形＋「に」は完了の助動詞の連用形＋「や」は疑問・反語の係助詞

③ 「許さ」は動詞の未然形＋「る」は受身の助動詞の終止形＋「べき」は可能の助動詞の連体形＋「に」は断定の助動詞の連用形＋「や」は疑問・反語の係助詞

④ 「許さる」は動詞の終止形＋「べき」は可能の助動詞の連体形＋「に」は接続助詞＋「や」は疑問・反語の終助詞

⑤ 「許さ」は動詞の未然形＋「る」は可能の助動詞の終止形＋「べき」は意志の助動詞の終止形＋「に」は断定の助動詞の連用形＋「や」は疑問・反語の終助詞

□

問五　本文の内容や主張と合致しないものを、次の①～⑤のうちから一つ選べ。（8点）

① 人は誰でも、ものごとに感動する心を持っているのに、必ずしも優れた歌を詠めるわけではないのは、優美な詞を適切に用いることができないからである。

② わずか三十一文字に過ぎない和歌でも、詠み手自身の深い心がこもっていれば、多くの詞を費やした文章よりも、強い感動を与えることができる。

③ 少しばかりの欠点や不備があっても、その和歌の趣向が新しく詞が優美であれば、長所を重視して、勅撰和歌集《ちょくせんわかしゅう》に収められた例もある。

④ 洗練された詞を注意深く選んで歌を詠まなければならないけれども、詞を飾り立て過ぎずに、見たまま、感じたままを率直に歌に詠むことも大切である。

⑤ 歌詞と世俗の詞にははっきりとした区別があるが、実際には、詠み方しだいで、歌詞も世俗の詞となり世俗の詞も歌詞となる場合もある。

問六　波線部「やさしく和らげ詠めばこそ」とあるが、江戸時代の俳諧において、和歌と同様に「やさしく和らげ」る趣旨でなされた推敲《すいこう》と考えられるものを、次の①～⑤のうちから、一つ選べ。傍線を付した部分が推敲により変更された箇所であり、（　）内は推敲後の句の解釈である。（7点）

①　旅に病んで猶《なほ》かけ廻《めぐ》る夢心　→　旅に病んで夢は枯野《かれの》をかけ廻る
（旅の途中で病み、自分はこれ以上進めなくなったが、夢だけはなお、とどまることもなく枯野を駆けめぐり続けている）

②　蛤《はまぐり》にけふは売りかつ若菜哉《かな》　→　蒟蒻《こんにやく》にけふは売りかつ若菜哉
（普段は好んで食べる蒟蒻だが、人々が皆七草粥《ななくさがゆ》を食べる今日、正月七日だけは、その材料である若菜の方がよく売れている）

③　七夕や秋を定むるはじめの夜　→　七夕や秋を定むる夜のはじめ
（いつの間にか季節も移ろい、星の光も空の様子もさえざえとしてきた。七夕の夜こそ秋の到来を実感する最初の夜である）

④　馬上眠からんとして残夢残月茶の煙　→　馬に寝て残夢月遠し茶の煙
（馬上にさめやらぬ名残の夢を見続けていて、ふと気づけば月は遠く山の稜線《りようせん》にかかり、家々からは茶を煮る煙が上っている）

⑤　五月雨を集めて涼し最上川《もがみがは》　→　五月雨を集めて早し最上川
（降り続ける五月雨を集め、最上川が満々とみなぎって流れて行く。まことにみちのく一番の大河の流れであることだなあ）

問七　和歌集についての説明として間違っているものを、次の①～⑤のうちから一つ選べ。（5点）

①『古今和歌集』は、平安時代、紀貫之らによって編纂《へんさん》された勅撰和歌集で、在原業平や小野小町などの、縁語や掛詞《かけことば》を用いた理知的・技巧的な歌を多く収めている。

②『万葉集』は、奈良時代に編纂された現存最古の歌集で、柿本人麻呂や大伴家持などの著名な歌人から、東国の農民の素朴な歌まで多くの人々の歌を収めている。

③『山家集』は、平安時代末期に、出家して諸国を巡り歩いた西行の歌集で、旅先で詠まれた歌や、信仰心を詠んだ歌、桜や月を愛《め》でる歌など、さまざまな歌を収めている。

④『新古今和歌集』は、鎌倉時代、後鳥羽上皇の命によって、藤原定家らが編纂した勅撰和歌集で、本歌取りや体言止めを用いた、幽玄美にあふれた歌を多く収めている。

⑤『金槐和歌集《きんかいわかしゅう》』は、鎌倉時代、幕府の将軍であった源実朝の命によって編纂された勅撰和歌集で、武士の時代を反映した、率直で力強い五七調の歌を多く収めている。

（2009年追試験）

50点

6 説話・随筆

十訓抄《じっきんしょう》・枕草子《まくらのそうし》

学習テーマ▼ 世俗説話と随筆の二つの文章を題材とし、編者・筆者の考えや主張を比較検討しながら捉えるとともに、教師と生徒の会話を通して引き歌によって表現された筆者の心情を把握しましょう。

予想問題
目標解答時間 20分
本冊(解答・解説) p.84

◆次の【文章Ⅰ】は鎌倉時代に編まれた説話集『十訓抄』「第七　思慮を専らにすべき事」の一節で、【文章Ⅱ】は平安時代に清少納言によって書かれた随筆『枕草子』のある章段の全文である。これらを読んで、後の問いに答えよ。

【文章Ⅰ】

清少納言の枕草子といふものにいへるは、人のもとなるものの、主のさるべき女房などあひて、物語りするに、「夜の更けたる。雨の降りげな」など、聞き知れごとをつぶやく、その主、(ア)心劣りす、とあるこそ、げにことわりなれ。女房にかぎらず、主の対面の座席にて、従者のこざかしく、さしすぎたるは、いと見苦しきことなり。

されればとて、とみのことなどの出《い》で来たらむに、告げ知らせざらむ、またいふかひなし。ことによりて、よく機嫌をはからふべきなり。

【文章Ⅱ】

懸想人にて来たるは、いふべきにもあらず、ただ**a**うち語らふも、またさしもあらねど、(イ)おのづから来などもする人の、簾《す》のうちに人々あまたありてものなどいふに、**b**居入りて、とみに帰りげもなきを、供なる郎等《をのこ》・童《わらは》など、とかくさし覗《のぞ》き、気色《けしき》見るに、「斧《をの》(注)の柄も朽ちぬべきなめり」と、いとむつかしかめれば、長やかにうち欠伸《あくび》て、みそかにと思ひていふらめど、「あな、わびし。煩悩苦悩かな。夜は夜中になりぬらむかし」といひたる、いみじう(ウ)心づきなし。かのいふ者は、ともかくも**c**おぼえず、この居たる人こそ、をかしと見えきこえつることも、失《う》するやうにおぼゆれ。

また、さ、いと色に出でてはえいはず、「あな」と、高やかにうちいひ呻《うめ》きたるも、「下行く水の」と、いとほし。立蔀《たてじとみ》・透垣《すいがい》などのもとにて、「雨降りぬべし」など、**d**きこえごつも、いと憎し。

いとよき人の御供人などは、さもなし。君達などのほどは、よろし。それより下れる際《きは》は、みなさやうにぞある。あまたあらむなかにも、心ばへ**e**見てぞ、率てありかまほしき。

注 斧の柄も朽ちぬべきなめり —— 中国の古典の短編小説集『述異記《じゅついき》』にある浦島伝説に似た話で、仙境の童子が碁を一局囲むのを見ているうちに斧の柄が朽ちていたという、知らぬ間に長い年月が経過していたことを例えたもの。

問一　傍線部(ア)〜(ウ)の解釈として最も適当なものを、次の各群の①〜⑤のうちから、それぞれ一つずつ選べ。（各5点）

(ア)　心劣りす

① 気後れする
② 遠慮する
③ 幻滅する
④ 感心する
⑤ 気落ちする

(イ)　おのづから

① みずから
② 自然と
③ ひょっとして
④ たまたま
⑤ いつのまにか

(ウ)　心づきなし

① 気がつかない
② 気が利かない
③ 気にくわない
④ 気乗りがしない
⑤ 気が晴れない

(ア)	(イ)	(ウ)

問二　波線部a～eの中で、「筆者」を主語とするものはどれか。最も適当なものを、次の①～⑤のうちから一つ選べ。（6点）

① a「うち語らふ」
② b「居入りて」
③ c「おぼえず」
④ d「きこえごつ」
⑤ e「見て」

問三　二重傍線部「をかしと見えきこえつることも、失するやうにおぼゆれ」の説明として最も適当なものを、次の①～⑤のうちから一つ選べ。（6点）

① 従者の風流なふるまいによって、主人に対する悪評が帳消しになるように思われる。
② 従者の見苦しい言動によって、主人に対するよい評判が消え失せるように思われる。
③ 従者の愚痴や不平をこぼす態度によって、主人に対する反感が減少するように思われる。
④ 従者の臨機応変な対応によって、主人の失態を帳消しにできるように思われる。
⑤ 従者の早く帰りたそうな態度によって、主人の風流心が損なわれるように思われる。

6

問四　次に示すのは、授業で【文章Ⅰ】【文章Ⅱ】を読んだ後の、話し合いの様子である。これを読んで、後のi〜iiiの問いに答えよ。（各6点）

教　師　いま二つの文章を読みましたが、【文章Ⅰ】は【文章Ⅱ】を読んだ上で書いたものと思われます。二つの文章の関係についてどう思いますか。みんなで話し合ってみましょう。

生徒A　【文章Ⅰ】は【文章Ⅱ】の内容を簡潔にまとめて、同意しているね。

生徒B　うん。「げにことわりなれ」と同意してる。でも【文章Ⅱ】の第三段落「いとよき人の御供人などは」以下について【文章Ⅰ】はふれていないよ。

生徒C　【文章Ⅰ】は「ことによりて、よく機嫌をはからふべきなり」という結論になっている。

教　師　それは「　W　」という意味ですね。

生徒C　【文章Ⅱ】の最後は「あまたあらむなかにも、心ばへ見てぞ、率てありかまほしき」となっているけれど、【文章Ⅰ】とは違う結論になっているのかなあ。

生徒A　いや、違う結論というより、それぞれ異なる観点から「　X　」のだと思うよ。

生徒B　なるほど、そうだね。ところで、先生。【文章Ⅱ】の二段落目の「下行く水の」は何のことかわからないのですが。どう考えたらよいでしょうか。

教　師　この「下行く水の」は『古今和歌六帖《ろくじょう》』の「心には下行く水のわきかへり言はで思ふぞ言ふにまされる」に基づいた表現ですから、この歌を知らないと理解できないですね。

生徒B　有名な和歌の一部を引用して、人物の心情を説明する、いわゆる「引き歌」の技法ですね。

教　師　そのとおりです。『古今和歌六帖』のこの歌は恋心を詠んだ歌ですが、この歌の注釈書には
この歌、大和物語に、奈良の帝《みかど》、陸奥《みち》の国磐手《いはて》の郡《こほり》より奉れる鷹《たか》のそれたるを、悲しみ給《たま》ひて詠ませ給へる御歌に、心には下行く水のといふ上の句をそへたり

とあります。

生徒B　『大和物語』は歌物語だから歌の由来を説明しているということですね。

教　師　以上を踏まえて、『古今和歌六帖』の和歌と『枕草子』の記述について、意見を出し合ってみましょう。

生徒B　『大和物語』の説明によれば、元々あった下の句に帝の心情が表現されているわけですね。

生徒C　帝の詠んだ下の句は、「いはで」に「言はで」と鷹の名前の「磐手」が掛けてあって「〔　　Y　　〕」という意味じゃないかな。

教　師　「磐手」から献上された鷹に「磐手」と名付けたということですね。

生徒A　『大和物語』では悲しみのたとえとして捉えられている「下行く水」を、『古今和歌六帖』では恋心のたとえとして詠んでいるんだね。

生徒B　それを『枕草子』では従者の心情に置き換えて「〔　　Z　　〕」と、清少納言は従者に同情しているのだと思います。

教　師　そうですね。こうして比べて読んでいくと、古典の読解が深まっていきますね。

i　空欄［　W　］に入る最も適当なものを、次の①～④のうちから一つ選べ。

① 従者は主人の状況に応じて、時機を見はからった行動をすべきである
② 従者は主人の言葉によって、適切に主人の意向を見極めるべきである
③ 主人は従者それぞれの人柄を考え、十分に気持ちを慮《おもんぱか》るべきである
④ 主人は従者のそのときの事情を考慮して、臨機応変に指図すべきである

ii　空欄［　X　］に入る最も適当なものを、次の①～④のうちから一つ選べ。

① 【文章Ⅱ】は主人の「心ばへ」、【文章Ⅰ】は従者の「はからひ」が重要だと述べている
② 【文章Ⅱ】は従者の「心ばへ」、【文章Ⅰ】は主人の「はからひ」が重要だと述べている
③ 【文章Ⅱ】は主人への要望、【文章Ⅰ】は従者への「教訓」を述べている
④ 【文章Ⅱ】は従者への要望、【文章Ⅰ】は主人への「教訓」を述べている

iii 空欄［　Ｙ　］［　Ｚ　］に入る最も適当な組合せを、次の①〜④のうちから一つ選べ。

① Ｙ 失った磐手のことを口に出さないで心で思っているほうが、口に出すよりいっそう悲しい
Ｚ ため息をつくだけで、不満を口に出せないから、不満はいっそう募るだろう

② Ｙ 口に出すと悲しみが増すので失った磐手のことは口に出さないで思うだけだ
Ｚ 不満があっても我慢して黙っているほうが、ため息をつくよりよかったのに

③ Ｙ 磐手を失った悲しみはとても口に出して言えないほど大きな悲しみだ
Ｚ ため息をつくだけで言わないのは、口に出すと不満が止まらなくなるからだろう

④ Ｙ 磐手を失った悲しみは改めて口に出して言うまでもない
Ｚ 不満があっても言わないでため息をついたほうがかえって不満は伝わるのに

／45点

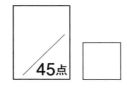

7 物語

増鏡《ますかがみ》

学習テーマ▼歴史物語を題材とし、物語の状況や人物関係を捉え、関連する作り物語の内容についての教師と生徒の会話を通して登場人物の心情を把握し、古文を的確に理解しましょう。

予想問題
目標解答時間 20分
本冊(解答・解説) p.98

◆次の文章は『増鏡』〈月草の花〉の一節である。後醍醐《ごだいご》天皇は、正中《しようちゆう》の変・元弘《げんこう》の変によって敗れ、隠岐《おき》に流罪となる。これを読んで、後の問いに答えよ。

かの島には、春来ても、なほ浦風さえて波荒く、渚《なぎさ》の氷もとけがたき世の気色《けしき》に、いとどおぼしむすぼるることつきせず。かすかに心ぼそき御住まひに、年さへ隔たりぬるよ、とあさましくおぼさる。さぶらふ人々も、しばしこそあれ、いみじう屈《くん》じにたり。今年は正慶《しやうきやう》二年といふ。閏《うるふ》二月あり。後の二月の初めつかたより、とりわきて(注1)密教の秘法を試みさせたまへば、夜も大殿ごもらぬ日数へて、さすが(ア)いたうこうじたまひにけり。心ならずまどろませたまへる暁がた、夢うつつともわかぬほどに、(注2)後宇多院、ありしながらの御面影さやかに見えたまひて、きこえ知らせたまふこと多かりけり。うちおどろきて、夢なりけりとおぼすほど、いはんかたなくなごりかなし。御涙もせきあへず、「さめざらましを」とおぼすもかひなし。源氏の大将、須磨の浦にて、(注3)父御門《みかど》見たてまつりけん夢の心地したまふも、いとあはれに頼もしう、いよいよ御心強さまさりて、かの(注4)新発意《しぼち》が御迎へのやうなる釣舟《つりぶね》も、便りいできなんや、と待たるる心地したまふに、(注5)大塔《おほたふ》の宮よりも、海人《あま》の便りにつけて、きこえたまふこと絶えず。

都にもなほ世の中静まりかねたるさまにきこゆれば、よろづにおぼしなぐさめて、関守《せきもり》(注6)のうち寝《ぬ》るひまをのみうかがひたまふに、しかるべき時の至れるにや、御垣守《みかきもり》(注7)にさぶらふ兵《つはもの》ども、御気色ほの心得て、なびきつかうまつらんと思ふ心つきにければ、(イ)さるべき限り語らひあはせて、同じ月の二十四日のあけぼのに、いみじうたばかりて、隠ろへゐて奉る。いとあやしげなる海人の釣舟のさまに見せて、夜深き空の暗きまぎれにおしいだす。折しも、霧いみじう降りて、行く先も見えず、いかさまならんとあやふけれど、御心をしづめて念じたまふに、思ふかたの風さへ吹きすすみて、その日の申《さる》の時に、出雲《いづも》の国に着かせたまひぬ。ここにてぞ、人々心地しづめける。

注

1 密教の秘法――倒幕の祈禱《きとう》を指す。
2 後宇多院――後醍醐天皇の父。
3 父御門――光源氏の父、桐壺院。
4 新発意――発心して新たに仏門に入った者。ここは光源氏を迎えた、明石《あかしの》入道を指す。
5 大塔の宮――護良《もりよし》親王。後醍醐天皇の皇子。
6 関守――『伊勢《いせ》物語』第五段で、男が通っていく女の家の主人が、人を置いて見張らせたので、男が詠んだ歌「人知れぬわが通ひ路の関守はよひよひごとにうちも寝ななむ」による。
7 御垣守――隠岐での御所（行宮）を警固する武士。

7

問一　傍線部(ア)・(イ)の解釈として最も適当なものを、次の各群の①～⑤のうちから、それぞれ一つずつ選べ。（各5点）

(ア)　いたうこうじたまひにけり

① ますます疲れ果ててしまわれた
② ひどくお疲れになってしまった
③ とてもお困りになってしまった
④ さらにお気持ちが高ぶりなさった
⑤ きわめて興奮なさったのだった

(イ)　さるべき限り語らひあはせて

① しかるべき人々がすべてを示し合わせて
② しかるべき人々が限られた時間で話し合って
③ しかるべき人々だけを味方に引き入れて
④ 帰らなければならない人々がすべてを話し合って
⑤ 帰らなければならない人々だけは仲間に加えて

(ア)	(イ)

問二　傍線部「いみじうたばかりて、隠ろへゐて奉る」の説明として最も適当なものを、次の①〜⑤のうちから一つ選べ。（7点）

① 「いみじう」は、程度を表す副詞のウ音便である。

② 「たばかり」は、後醍醐天皇が綿密に計画を立てたことを指す。

③ 「隠ろへ」の「へ」は、ハ行下二段活用動詞「ふ」の連用形である。

④ 「ゐ」はワ行上一段活用動詞で、漢字で表すと「居」である。

⑤ 「奉る」は謙譲語で、後醍醐天皇への敬意を表している。

問三　波線部「さめざらましを」について、ここに込められた後醍醐天皇の心情を説明したものとして最も適当なものを、次の①～⑤のうちから一つ選べ。なお「さめざらましを」は、『古今和歌集』の小野小町の和歌「思ひつつ寝《ぬ》ればや人の見えつらむ夢と知りせばさめざらましを」に拠っている。（8点）

① 夢の中で会えた父と別れるのが名残惜しく、夢から目覚めてしまったことを悲しく思う気持ち。
② 夢の中でしか父に会えないのだから、ずっと目覚めないでいたいという気持ち。
③ せっかく父に会えてうれしかったのに、夢の中の出来事だとわかって落胆する気持ち。
④ 夢に現れた父からもっと助言を受けたかったのに、目覚めてしまったことを悔しく思う気持ち。
⑤ 夢で父に会っても恨めしい気持ちになるだけだから、夢から目覚めてよかったという気持ち。

□

問四　次に示すのは、この文章の二重傍線部「いとあはれに頼もしう」についての、授業での話し合いの様子である。これを読んで、空欄［　］に入る最も適当なものを、後の①～④のうちから一つ選べ。（10点）

教　師　文中に「いとあはれに頼もしう」とありますが、これはどういう気持ちだと思いますか。みんなで考えてみましょう。

生徒A　前に「夢なりけりとおぼす」とあるので、後醍醐天皇が父後宇多院の夢を見た後の気持ちだね。

生徒B　直前には「源氏の大将、須磨の浦にて、父御門見たてまつりけん夢の心地したまふ」とあるから、後醍醐天皇は光源氏が父御門の夢を見たことに自分をなぞらえているんじゃないかな。

生徒C　でも、光源氏は具体的にどういう夢を見たのだろう。

教　師　源氏が見た夢に関しては、『源氏物語』（明石の巻）の一節に、次のような記述があります。

終日《ひねもす》にいりもみつる雷《かみ》の騒ぎに、さこそいへ、いたうこうじたまひにければ、心にもあらずうちまどろみたまふ。かたじけなき御座所《おましどころ》なれば、ただ寄りゐたまへるに、故院ただおはしまししさまながら立ちたまひて、「などかくあやしき所にはものするぞ」とて、御手を取りて引き立てたまふ。「住吉の神の導きたまふままに、はや舟出してこの浦を去りね」とのたまはす。

光源氏は政争に敗れて都を離れ須磨に退去していましたが、この夢のお告げの後、明石入道によって迎えられて明石に移ったのですよ。

生徒A　後醍醐天皇と光源氏には、政変や政争に敗れて都から遠く離れた場所に退去していたという共通点がありますね。

教　師　光源氏は結局明石から都に戻って政権に復帰します。

生徒C　次の段落に「出雲の国に着かせたまひぬ」とあるから、この後、後醍醐天皇は出雲に移ったんだね。

生徒B　光源氏は父御門から夢のお告げを受け、後醍醐天皇も後宇多院の夢を見て「きこえ知らせたまふこと多かりけり」とある。

生徒A　わかった。「いとあはれに頼もしう」というのは、【　　　　】後醍醐天皇の気持ちを表しているんだと思います。

教　師　実在の人物を描いた歴史物語が、『源氏物語』の影響を受けているというのはおもしろいですね。

① 光源氏が天候の荒れた須磨から去れと亡き父が告げる夢を見た後に、明石入道の迎えが来たのと同じように、父が過酷な隠岐から移るように告げる夢を見たので、迎えが来るのを頼みにして待つ

② 父後宇多院の夢から醒《さ》めた後は言いようもなく名残りが悲しく、涙もこらえられなかったが、光源氏が夢で亡き父に会ったときも同じだと知って、しみじみと悲しくも心強く思う

③ 隠岐から脱出する計画を練っていたが、成功するかどうかわからない不安の中で、須磨から明石に移っ

た光源氏と同じように父のお告げを受ける夢を見たので、成功を確信してしみじみと喜ぶ

④　光源氏が夢で父から「この浦を立ち去れ」とお告げを受けた後、明石入道によって明石に移り、やがては都へ戻って政権に復帰したのと同じように、自分もやがては都に戻れるのではないかと期待する

7

問五　この文章の内容についての説明として適当なものを、次の①～⑤のうちから二つ選べ。ただし、解答の順序は問わない。（各5点）

①　後醍醐天皇に仕える者たちは、しばらくすると隠岐の生活には慣れてきたが、都への思いが募って気が滅入ってしまった。

②　護良親王は、父親である後醍醐天皇に都の状況をひそかに知らせて、都への帰還を絶えず促した。

③　後醍醐天皇は、都の戦乱状態が収まる前に隠岐を脱出しようと考えて、警固の武士たちが油断する機会をうかがっていた。

④　警固の武士たちの中には、後醍醐天皇のご意向を汲《く》み取って、隠岐からの脱出に協力する者もいた。

⑤　後醍醐天皇は、味方の者たちの助けによって隠岐を脱出し、悪天候の中を神仏に祈願してなんとか出雲に到着した。

45点

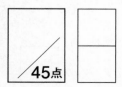

7

8 物語

平家物語《へいけものがたり》

学習テーマ▼ 今回は軍記物語を扱います。軍記物語に特徴的な単語や表現をおさえながら読み、戦いの経緯や、武士たちの人物造形を的確に捉えましょう。

予想問題

目標解答時間 20分
本冊(解答・解説) p.110

◆次の文章は『平家物語』〈忠度最期《ただのり》〉である。これを読んで、後の問いに答えよ。

薩摩守《さつまのかみ》忠度は、一の谷の西の手の大将軍にておはしけるが、紺地の錦《にしき》の直垂《ひたたれ》に黒糸威《をどし》の鎧《よろひ》着て、黒き馬のふとうたくましきに、沃懸地《いつかけぢ》の鞍《くら》おいて乗り給《たま》へり。その勢百騎ばかりが中にうち囲まれて、いと騒がず、控へ〳〵落ち給ふを、猪俣《ゐのまた》党に岡部六野太《をかべのろくやた》忠純《ただずみ》、大将軍と目をかけ、鞭鐙《むちあぶみ》を合はせて追つ付き奉り、「[1]そも〳〵いかなる人でましまし候ぞ。名乗らせ給へ」と申しければ、「これは味方ぞ」とてふり仰ぎ給へる内甲《うちかぶと》より見入れたれば、かね黒なり。(注1)あつぱれ味方にはかね付けたる人はないものを。平家の君達《きんだち》でおはするにこそと思ひ、押しならべてむずと組む。これを見て百騎ばかりある兵《つはもの》ども、国々のかり武者(注2)なれば一騎も落ち合はず、我先《われさき》にとぞ落ち行きける。薩摩守、「につくいやつかな。[A]味方ぞと言はば言はせよかし」とて、熊野《くまの》育ち大力《だいぢから》の早業《はやわざ》にておはしければ、やがて刀を抜き、六野太を馬の上で二刀《ふたかたな》、落ちつく所で一刀《ひとかたな》、三《み》刀《かたな》までぞ突かれける。二刀は鎧の上なれば通らず、一刀は内甲へ突き入れられたれども、薄手なれば死なざりけるを、取つて押さへて頸《くび》をかかんとし給ふところに、六野太が童《わらは》おくれ馳《ば》せに馳《は》せ来つて、打刀《うちがたな》を抜き、薩摩守の右の腕《かひな》を、肘《ひぢ》のもとよりふつと斬《き》り落とす。2今はかうとや思はれけん、「しばし退《の》け、十念(注3)唱へん」とて、六野太をつかうで、弓《ゆん》だけばかり投げのけられたり。その後西に向かひ、高声《かうしやう》に十念唱へ、「光明(注4)遍照《へんぜう》十方世界、念仏衆生《しゆじやう》摂取不捨」と宣《のたま》ひもはてねば、六野太後ろより寄つて薩摩守の頸を討つ。よい大将軍討つたりと思ひけれども、名をば誰とも知らざりけるに、箙《えびら》に結び付けられたる文を解いて見れば、「旅宿花《りよしゆくのはな》」といふ題にて、一首の歌をぞ詠まれたる。「B行き暮れて木の下かげをやどとせば花やこよひのあるじならまし　忠度」と書かれたりけるこそ、薩摩守とは知りてんげれ。太刀の先に貫き、高くさしあげ、大音声をあげて、「この日来《ひごろ》平家の御方《おんかた》に聞こえさせ給ひつる薩摩守殿をば、岡部六野太忠純が討ち奉つたるぞや」と名乗りければ、敵《かたき》も味方もこれを聞いて、「あないとほし、武芸にも歌道にも達者にておはしつる人を。あつたら大将軍を」とて、涙をながし、袖《そで》をぬらさぬはなかりけり。

注

1 かね黒 ―― 歯を黒く染めていること。
2 かり武者 ―― かり集められた武士。
3 十念 ―― 念仏を十回唱えること。
4 光明遍照十方世界、念仏衆生摂取不捨 ――『観無量寿経』にあり、念仏のあとに唱える文句。

8

問一　傍線部1、2の解釈として最も適当なものを、次の各群の①～⑤のうちから、それぞれ一つずつ選べ。（各5点）

1　いかなる人でましまし候ぞ

① どういう人でいらっしゃいますか
② どんな人でございますか
③ どのような人と申し上げなさるのか
④ どれほどの人でおいでになるのか
⑤ 何という人と申し上げますか

2　今はかうとや思はれけん

① 今が好機と（六野太に）思われたのだろうか
② これで終わりだと（六野太は）お思いになったのだろうか
③ これで倒したと（童に）思われたからだろうか
④ もうこれまでだと（薩摩守は）お思いになったのだろうか
⑤ 今はここまでと（薩摩守に）思われたのだろうか

1	2

問二　傍線部Ａ「味方ぞと言はば言はせよかし」についての説明として最も適当なものを、次の①～⑤のうちから一つ選べ。（７点）

①「ぞ」は係り結びの省略になっている。
②「言はば」の主語は六野太である。
③「言はせよ」の主語は六野太である。
④ 忠度が兵たちに命令した言葉である。
⑤ この言葉には忠度の動揺が表れている。

問三　傍線部Ｂ「行き暮れて木の下かげをやどとせば花やこよひのあるじならまし」の歌の説明として適当でないものを、次の①～⑤のうちから一つ選べ。（７点）

① 擬人法が効果的に用いられている。
② 宿所が確保できないことを想定している。
③ 情景描写に心情がうまく投影されている。
④ この歌によって読者は忠度の文武両道を実感できる。
⑤ 忠度の辞世の歌と捉えることができる。

8

問四　次に示すのは、授業で本文を読んだ後の、話し合いの様子である。これを読んで、後のⅰ～ⅲの問いに答えよ。なお、文中の『忠度』は設問の都合上、「われも船に乗らんとて……」以下を(ア)・(イ)・(ウ)の三部分に分けた。（各7点）

教　師　次の文章は、『平家物語』〈忠度最期〉を典拠とする謡曲『忠度』の一節です。「謡曲」というのは、能の台本に当たるものです。

さるほどに一の谷の合戦、今はかうよと見えしほどに、みな〳〵船に取り乗つて海上に浮かむ。

(ア)　われも船に乗らんとて、みぎはの方《かた》にうち出《い》でしに、後ろを見れば、武蔵《むさし》の国の住人に、岡部の六野太忠純と名乗つて、六七騎にて追つかけたり。これこそ望むところよと思ひ、駒《こま》の手綱《たづな》を引つ返せば、六野太やがてむずと組み、両馬が間《あひ》にどうど落ち、かの六野太を取つて押さへ、すでに刀に手をかけしに、

(イ)　六野太が朗等《らうどう》、おん後ろより立ち回り、上にまします忠度の、右の腕を打ち落せば、左のおん手にて、六野太を取つて投げのけ、今はかなはじと思し召《おぼ》して、そこ退《の》き給へ人びとよ、西拝まんと宣ひて、光明遍照、十方世界念仏衆生、摂取不捨と宣ひし、おん声の下よりも、いたはしやあへなくも、六野太太刀を抜き持ち、つひにおん首を打ち落とす。六野太心に思ふやう、

(ウ)　いたはしやかの人の、おん死骸《しがい》を見奉れば、その年もまだしき、長月（注1）ごろの薄曇り、降りみ降らずみ定めなき、

時雨ぞ通ふ斑紅葉《むらもみぢ》（注2）の、錦の直垂は、ただ世の常にもあらじ。いかさまこれは君達の、おん中にこそあるらめと、おん名ゆかしきところに、箙を見れば不思議やな、短冊《たんじゃく》を付けられたり。見れば旅宿の題を据ゑ、行き暮れて、木の下かげをやどとせば、花やこよひのあるじならまし、忠度と書かれたり。さては疑ひ嵐《あらし》の音に、聞こえし薩摩の守にてますぞいたはしき。

注

1 長月ごろの薄曇り、降りみ降らずみ定めなき、時雨ぞ通ふ ――『後撰《ごせん》和歌集』の「神無月降りみ降らずみ定めなき時雨ぞ冬の初めなりける」を踏まえた表現で、「斑紅葉」を導く序。

2 斑紅葉 ―― 濃く淡くまだらに色づいた紅葉。ここでは錦の直垂の形容。

教　師　この『忠度』の文章は、『平家物語』と同じ場面を描いていますが、語られ方や表現の違いなどが多くあります。両者の違いについて話し合ってみましょう。

生徒A　謡曲が能の台本ということは、本来は読むものではなく演者に謡われるものなんだね。

生徒B　それを文学作品として捉えているのか。

生徒A　『平家物語』も琵琶《びわ》法師によって語られる「平曲」になっているから、聴衆を相手にするという共通点はあるよ。

教　師　「平曲」は一人で語りますが、能は複数人で歌ったり舞ったりする歌舞劇なので、謡曲も演劇の台本のように台詞と地の文に分かれています。

生徒A　そう言われてみると、『平家物語』とは語られ方が違うね。［　X　］の目を通して語られている。

教　師　Aさんの指摘は二つの作品の視点についてですね。それでは人物の描かれ方はどうですか。

生徒B　六野太は『平家物語』と『忠度』ではずいぶん印象が違うよね。

生徒C　ああ、それは感じた。

生徒A　たとえば［　Y　］として描かれている。

生徒B　そうか。比べてみれば他にも違いがいろいろありそうだ。

生徒C　六野太についてだけではなく、『平家物語』と『忠度』では描写に違いがたくさんあるよね。

生徒A　忠度の姿も『平家物語』は「紺地の錦の直垂に黒糸威の鎧」、『忠度』は「斑紅葉の、錦の直垂」となっていて受ける印象が違う。

生徒C　紺地の落ち着きと赤色の若々しさかな。

生徒B　印象の違いなら、［　Z　］とも言える。

生徒C　同じ題材でも作品によってずいぶん違いがあるんだね。

教　師　大筋は同じでも、作者の意図に応じて、もとになった話に脚色を加えたり、人物造形を深めたり細部を変えたりすることもあります。同じ題材を扱った作品を読み比べてみるのもおもしろいですよ。

i　空欄［ X ］に入る最も適当なものを、次の①～④のうちから一つ選べ。

① 『平家物語』は語り手の目を通して語られているが、『忠度』は(ア)が忠度、(イ)が六野太、(ウ)が語り手

② 『平家物語』は語り手の目を通して語られているが、『忠度』は(ア)が忠度、(イ)が語り手、(ウ)が六野太

③ 『平家物語』は忠度の目を通して語られているが、『忠度』は(ア)と(イ)が語り手、(ウ)が六野太

④ 『平家物語』は忠度の目を通して語られているが、『忠度』は(ア)と(イ)が忠度、(ウ)が六野太

□

8

ii　空欄［　Y　］に入る最も適当なものを、次の①～④のうちから一つ選べ。

① 『平家物語』では、大将軍に目をつけて追いかけ、手柄をあげようと躍起になる下級武士として描かれているが、『忠度』では忠度からも対戦を望まれる大将軍の対戦相手にふさわしい好敵手

② 『平家物語』では、馬を走らせて忠度に組みつき刀で突くなど、身のこなしが敏捷《びんしょう》な武士として描かれているが、『忠度』では忠度に組みつくものの馬の間に落ち、取り押さえられる愚鈍な男

③ 『平家物語』では、忠度に最後まで念仏を唱えさせずに首を討ち取る、功名心にはやる東国武士として描かれているが、『忠度』では忠度が念仏を唱え自害するのを待って首を取る、礼節を知る人間

④ 『平家物語』では、討ち取った敵が有名な忠度と知って、勝ち名乗りを上げる勇猛な武士として描かれているが、『忠度』では討ち取った亡骸《なきがら》の箙に付けられた短冊の歌に心を打たれる風流人

□

iii　空欄［　Z　］に入る最も適当なものを、次の①〜④のうちから一つ選べ。

① 『平家物語』では「かり武者」の逃げる様子などが語られて、戦の経過がよく理解できるのに対して、『忠度』では忠度と六野太のやりとりが中心で、戦全体を描くことに主眼がないように感じられる

② 『平家物語』では「薩摩守の右の腕を、肘のもとよりふつと斬り落とす」などの描写によって戦の生々しさが前面に出ているのに対して、『忠度』では写実的な面を切り捨てているために風雅な世界観が感じられる

③ 『平家物語』は「あつたら大将軍を」とあるように、勇猛な武士としての忠度の死を惜しむ人々の気持ちが描かれているのに対して、『忠度』は「いたはし」という語が繰り返し用いられることで優れた歌人としての忠度の死を悼む人々の気持ちが強く感じられる

④ 『平家物語』は「につくいやつかな」や「知りてんげれ」などの促音や撥音《はつおん》を用いていることによって力強さや歯切れの良さが感じられるのに対して、『忠度』の後半は「長月ごろの薄曇り、降りみ降らずみ定めなき」などの七五調を取り入れていることによって、荘重で詩的な趣が感じられる

／45点

和泉式部日記《いずみしきぶにっき》

学習テーマ▼物語的な日記文を題材とし、筆者とその周辺の人物との関係や状況を捉えるとともに、教師と生徒の会話を通して、引用された和歌の解釈によって、登場人物の心情を読み取りましょう。

予想問題

目標解答時間 20分
本冊（解答・解説）p.126

◆次の文章は、『和泉式部日記』の一節である。和泉式部（女）は恋人であった為尊《ためたか》親王の死後、その弟の敦道《あつみち》親王（宮）と深い関係になった。本文は、宮が和泉式部を自宅に迎えたいと伝えた後の出来事である。これを読んで、後の問いに答えよ。

かくて、二三日おともせさせたまはず。頼もしげにのたまはせしことも、いかになりぬるにかと思ひつづくるに、寝《い》も寝られず。目もさまして寝たるに、夜やうやうふけぬらむかしと思ふに、門をうちたたく。(ア)あなおぼえなと思へど、問はすれば、宮の御文なりけり。思ひがけぬほどなるを、「心や行きて」(注)とあはれにおぼえて、妻戸押し開けて見れば、

　見るや君さ夜うちふけて山の端にくまなくすめる秋の夜の月

うちながめられて、つねよりもあはれにおぼゆ。門も開けねば、御使待ち遠にや思ふらむとて、御返し、

　ふけぬらむと思ふものから寝られねどなかなかなれば月はしも見ず

とあるを、おしたがへたるここちして、なほ口惜しくはあらずかし。いかで近くて、かかるはかなしごとも言はせて聞かむと A おぼし立つ。

二日ばかりありて、女車のさまにてやをらおはしましぬ。昼などはまだ御覧ぜねば、恥づかしけれど、さまあしう恥ぢ隠るべきにもあらず。またのたまふさまにもあらば、恥ぢきこえさせてやはあらむずるとて、Bゐざり出《い》でぬ。日ごろのおぼつかなさなど語らはせたまひて、しばしうち臥《ふ》させたまひて、「この聞こえさせしさまに、はやおぼし立て。かかる歩《あり》きのつねに(イ)うひうひしうおぼゆるに、さりとて参らぬはおぼつかなければ、(ウ)はかなき世の中に苦し」とのたまはすれば、「ともかくものたまはせむままにと思ひたまふるに、『X見ても歎《なげ》く』といふことにこそ思ひたまへわづらひぬれ」と聞こゆれば、「よし見たまへ。『Y塩焼き衣』にてぞあらむ」とのたまはせて、出でさせたまひぬ。

前近き透垣《すいがい》のもとに、をかしげなる檀《まゆみ》の紅葉のすこしもみぢたるを、折らせたまひて、高欄におしかからせたまひて、

a言の葉ふかくなりにけるかな

とのたまはすれば、

b白露のはかなくおくと見しほどに

と聞こえさするさま、なさけなからずをかしとおぼす。

注 心や行きて――「夜な夜なは目のみさめつつ思ひやる心や行きておどろかすらむ」による表現。「心が通じたのだろうか」の意味。

問一　傍線部(ア)～(ウ)の解釈として最も適当なものを、次の各群の①～⑤のうちから、それぞれ一つずつ選べ。（各4点）

(ア)　あなおぼえな

①　あら、自信がないわ
②　あら、心当たりがないわ
③　あら、忘れていないわ
④　まあ、覚えておきなさいよ
⑤　まあ、はっきりしなさいよ

(イ)　うひうひしうおぼゆるに

①　目新しく感じられる
②　気が重く思われる
③　不憫《ふびん》に感じられる
④　気詰まりに思われる
⑤　未熟に思われる

(ウ)　はかなき世の中

①　無常なこの世
②　つまらない俗世間
③　頼りない二人の仲
④　取るに足りない身の上
⑤　許されない二人の仲

(ア)
(イ)
(ウ)

問二　傍線部Ａ「おぼし立つ」とあるが、このときの宮の心境を説明したものとして最も適当なものを、次の①〜⑤のうちから一つ選べ。(6点)

① 秋の澄んだ月を詠んだ歌を贈ったのに、月は見ていないというつれない歌が女から返ってきたことを残念に思った。

② 女がつれない返歌をよこしたことで、かえって女への執着が強まって、一刻も早く女に会いに行こうと思い立った。

③ 自分の贈った歌に感動しているのに、立場上素直な気持ちを詠めずに歌を返してきた女に対して申し訳なく思った。

④ 意表をついた歌を返してきた女に改めて魅力を感じ、なんとかして自分のそばに置きたいと決意を新たにした。

⑤ 予想通りの修辞を盛り込んだ見事な歌を返してきた女に対して、早く自邸に迎えて存分に歌を詠み交わしたいと思った。

□

問三　傍線部B「ゐざり出でぬ」とあるがここに至るまでの女の気持ちを説明したものとして最も適当なものを、次の①〜⑤のうちから一つ選べ。（6点）

① 宮の昼間の訪問に驚いたが、人目を忍んでやってきた宮に恥ずかしがって会わないのは失礼になると思った。

② 宮の突然の訪問に気後れしたが、昼間に会うのは初めてなのだから、顔を見せるのを恥ずかしがるのは当然だと思った。

③ 宮の昼間の訪問に気後れしたが、宮の邸《やしき》に移れば昼間に会うことになり、ここで恥ずかしがるのはみっともないと思った。

④ 宮の昼間の訪問に驚いたが、女車に乗ってまでやってきた宮の愛情に応えなければならないと思った。

⑤ 宮の突然の訪問に動揺したが、初めて昼間に会うのにみっともない顔を見せるのは恥ずかしいと思った。

問四　Sさんのクラスでは、授業で本文を読んだ後、本文の表現について理解を深めるために、教師から配られた学習プリントをもとに、グループで話し合うことになった。このことについて、後のⅰ・ⅱの問いに答えよ。（各7点）

〈学習プリント〉

傍線部X「見ても歎く」と傍線部Y「塩焼き衣」は、それぞれ、以下に挙げる歌を踏まえた「引き歌」です。

Ⅰ　見てもまたまたも見まくのほしければなるるを人は厭《いと》ふべらなり（『古今和歌集』）

Ⅱ　伊勢《いせ》のあまの塩焼き衣なれてこそ人の恋しきことも知らるれ（『古今和歌六帖』）

ステップ1　和歌Ⅰを女（和泉式部）が、和歌Ⅱを宮（敦道親王）が、それぞれ詠んだ贈答歌として理解すると、「なる」という語の解釈が異なっています。どのような違いがあるかを示して和歌Ⅰと和歌Ⅱの趣旨を話し合ってみましょう。

ステップ2　ステップ1での話し合いを踏まえて、傍線部Xと傍線部Yのやりとりについて話し合ってみましょう。

9

i　Sさんのグループではステップ1の話し合いを行い、その結果を次のようにノートにまとめた。空欄A・B・C・Dに入る語句の組合せとして最も適当なものを、後の①～④のうちから一つ選べ。

〈ノート〉
和歌Ⅰ「なれることを人は嫌う」という意味なので、
「なる」＝［　A　］→［　B　］→「なれ」ることを否定している。
和歌Ⅱ「なれてこそ恋しさを知る」という意味なので、
「なる」＝［　C　］→［　D　］→「なれ」ることを肯定している。

① A―なれなれしくなる　B―愛情が薄れる　C―体になじむ　D―愛情が芽生える
② A―なれなれしくなる　B―嫌いになる　C―慣れ親しむ　D―愛情が芽生える
③ A―新鮮さが失われる　B―愛情が薄れる　C―慣れ親しむ　D―愛情が深まる
④ A―新鮮さが失われる　B―別れる　C―体になじむ　D―愛情が続く

□

ⅱ　**Sさんのグループではステップ2の話し合いを行い、その結果を教師に提出した。傍線部Xと傍線部Yのやりとりを説明したものとして最も適当なものを、次の①〜④のうちから一つ選べ。**

① 宮から返事を促された和泉式部は、会いたい気持ちにまかせて毎日会うと世間の人が非難すると言うのに対して、宮は一緒に仲睦まじく暮らしていけば世間は理解してくれると言っている。

② 宮からの申し出をうれしく思いながらも和泉式部は、宮の自邸で暮らせば人から憎まれるのではないかと言うのに対して、宮は一緒に暮らしてこそ障害を乗り越えていけると言っている。

③ 宮からの申し出を受け入れるつもりの和泉式部は、一緒に暮らすと愛情が薄れるのではないかと不安を訴えるのに対して、宮は一緒に暮らしてこそ愛情を深めることができると言っている。

④ 宮から一緒に暮らす決心を促された和泉式部は、宮との新生活が始まれば結局は宮と別れることになるのではないかと不安を訴えるのに対して、宮は二人がともに老いるまで愛情は続くと言っている。

□

9

問五　波線部a「言の葉ふかくなりにけるかな」と波線部b「白露のはかなくおくと見しほどに」の説明として適当でないものを、次の①～⑤のうちから一つ選べ。（7点）

① 「言の葉」の「葉」には「檀の葉」が掛けられている。
② 「ふかく」には宮と女の愛情の深まりが含意されている。
③ 「白露」は宮の愛情の比喩と捉えることができる。
④ 「おく」は「置く」と「起く」の掛詞《かけことば》となっている。
⑤ 宮の下の句に女が上の句を付けた連歌である。

／45点

10

評論・随筆

勢語臆断《せいごおくだん》・玉勝間《たまかつま》

学習テーマ▼物語の注釈書と、それを踏まえて書かれた随筆を題材とし、筆者の主張や歌の是非を捉えるとともに、和歌の意味を捉え、古文を的確に読解しましょう。

予想問題

目標解答時間 20分

本冊（解答・解説）p.144

◆次の文章はともに江戸時代に書かれたもので、【文章Ⅰ】は契沖《けいちゅう》による『伊勢《いせ》物語』の注釈書『勢語臆断』の一節、【文章Ⅱ】は本居宣長《もとおりのりなが》による随筆『玉勝間』の一節である。これらを読んで、後の問いに答えよ。

【文章Ⅰ】

むかし、男わづらひて心地死ぬべくおぼえければ

つひにゆく道とはかねて聞きしかどきのふけふとは思はざりしを

死ぬる事のがれぬ習ひとは(ア)かねて聞きおきたれど、きのふけふならむとは思はざりしをとは、たれたれも時にあたりて思ふべき事なり。これまことありて人の教へにもよき歌なり。後々の人、死なむとするにいたりて、(イ)ことごとしき歌をよみ、あるいは道をさとれるよしなどをよめる、まことしからずしていとにくし。ただなる時こそ狂言綺語《きやうげんきぎよ》(注1)をもまじらめ、今はとあらむ時だに心のまことにかへれかし。業平《なりひら》はA一生のまことこの歌にあらはれ、後の人は一生のいつはりをあらはすなり。大和物語に云《いは》く、水尾の帝《みかど》の御時、左大弁のむすめ、弁の御《み》息所《やすどころ》とていますかりけるを、在中将(注2)しのびてかよひけり。中将病《やまひ》いとおもくしてわづらひけるを、もとの妻《め》もありけり。これはいとしのびてあることなれば、え行きもとぶらひたまはず。しのびしのびになむとぶらひけること日々

ありける。さるにとはぬ日なむありける。病もいとおもりてその日になりにけり。中将のもとより、

　つれづれといとど心のわびしきにBけふはとはずて暮らしてむとや

とておこせたり。「よわくなりにたり」といといたう泣きさわぎて、返事などもせむとするほどに、「死にけり」と聞きて、いといみじかりけり。死なむとすること、今々《いまいま》となりて読みたりける歌、今の如《ごと》し。とよみてなむ絶えはてにけり、とあり。

今々となれる時、かかる歌よまれたるは、心の歌となれる故なり。

【文章Ⅱ】

古今集に、やまひして、よわくなりにける時よめる、なりひらの朝臣《あそん》、

　つひにゆく道とはかねて聞きしかどきのふけふとは思はざりしを

契沖いはく、これ人のまことの心にて、をしへにもよき歌なり。後々の人は、死なんとするきはにいたりて、ことごとしきうたをよみ、あるは道をさとれるよしなどよめる、まことしからずして、いとにくし。ただなる時こそ、狂言綺語をもまじへめ、いまはとあらんときにだに、心のまことにかへれかし。此《こ》の朝臣は、一生のまこと、此の歌にあらはれ、後の人は、一生の偽りをあらはして死ぬるなりといへるは、ほふしのことばにもにず、いといとたふとし。やまとだましひなる人は、法師ながら、かくこそ有りけれ。から心なる神道者・歌学者、ま

さにかうはいはんや。契沖法師は、よの人にまことを教へ、神道者・歌学者は、いつはりをぞをしふなる。

注

1 狂言綺語――道理に合わない語、巧みに飾った語。

2 在中将――在原《ありわらの》業平。

問一　傍線部(ア)・(イ)の解釈として最も適当なものを、次の各群の①〜⑤のうちから、それぞれ一つずつ選べ。（各4点）

(ア)　かねて聞きおきたれど

① 重ねて聞いておいたが
② あらかじめ聞いて知っていたが
③ 早くも聞いてしまったが
④ すでに聞いて知っていたが
⑤ さっそく聞いておいたが

(イ)　ことごとしき歌

① 大げさな歌
② それぞれの歌
③ もっともらしい歌
④ 立派な歌
⑤ 異様な歌

(ア)	(イ)

10

問二　二重傍線部「今はとあらむ時だに心のまことにかへれかし」の語句や表現に関する説明として最も適当なものを、次の①～⑤のうちから一つ選べ。（5点）

① 「今は」は「臨終」の意味で、業平が死を迎えようとしていることを指している。

② 「あらむ時」の「む」は婉曲《えんきょく》の意味で、「生きている」ということの婉曲表現である。

③ 「だに」は軽い「今はとあらむ時」を挙げて重い「ただなる時」を類推する働きである。

④ 「心のまこと」とは、死を目の前にした者が心に抱く本当の心の意味である。

⑤ 「かし」は強意の終助詞で、死んでいく者への哀悼の意を強調している。

問三　傍線部A「業平は一生のまことこの歌にあらはれ、後の人は一生のいつはりをあらはすなり」の意味を説明したものとして最も適当なものを、次の①～⑤のうちから一つ選べ。（8点）

① 業平の誠実な生き方が歌に表れているのに対し、後世の人は生き方に誠実さが欠けているため歌に嘘《うそ》が交じるということ。

② 業平が人生の最期に臨んで心の真実を表現したのに対し、後世の人は自分の最期を嘘で飾ろうとするということ。

③ 業平の歌には死への恐怖がまざまざと現れているのに対し、後世の人は死への恐怖を忘れようとして嘘をつくということ。

④ 業平が一生をかけて追求した誠の道がこの歌に現れているのに対し、後世の人は道を悟ったふりをして歌を詠むということ。

⑤ 業平が生死を超越した心境を詠んでいるのに対し、後世の人は最後まで尽きることのない煩悩を詠んでいるということ。

□

問四　傍線部B「けふはとはずて暮らしてむとや」に込められた心情を説明したものとして最も適当なものを、次の①〜⑤のうちから一つ選べ。（8点）

① 今日はあなたの訪れがないかと待っていたのに、もう日が暮れてしまいましたと、訪問を促す気持ちを詠んでいる。
② 今日はお見舞いに行かずに、一人で過ごせとおっしゃるおつもりですかと、見舞いに行きたい気持ちを詠んでいる。
③ 今日はあなたに何もお尋ねせずに、そのまま過ごせとおっしゃるのでしょうかと、恨めしい気持ちを詠んでいる。
④ 今日は見舞ってくださらずに、お過ごしになってしまわれるおつもりですかと、恨めしい気持ちを詠んでいる。
⑤ 今日はもう訪ねて来ないで自宅で過ごしてほしいと、相手の立場を思いやる気持ちを詠んでいる。

問五 『大和物語』の内容についての説明として適当でないものを、次の①～⑤のうちから一つ選べ。（8点）

① 左大弁の娘は弁の御息所と呼ばれた人で、水尾天皇に仕えていたが、その人のもとへ在中将が人に知られないようにこっそりと通っていた。

② 在中将は重い病気になり苦しんでいたが、本妻もいて、内密な関係だった弁の御息所は見舞いに出向くことはできなかった。

③ 弁の御息所は公然とは出向けないので、人目につかないように隠れて毎日在中将のもとを訪れていたが、どうしても行けない日があった。

④ 在中将から届いた歌を読んだ弁の御息所は、在中将が弱ったことを察して泣き騒ぐが、返歌をしないうちに訃報を聞いた。

⑤ 在中将は、臨終の日に弁の御息所に「つれづれと」の歌を贈ったが、死ぬ間際には「つひにゆく」の歌を詠んで息絶えた。

問六　【文章Ⅱ】から読み取ることができる本居宣長の考えとして適当でないものを、次の①～⑤のうちから一つ選べ。（8点）

① 業平の「つひにゆく」の歌を、「やまとだましひ」を表現した歌だと考えている。
② 後世の人の歌は、「やまとだましひ」ではなく「から心」を詠んでいると考えている。
③ 「やまとだましひ」とは、仏教に帰依する者が失ってしまったものだと考えている。
④ 「から心」とは、人の心の奥底の真情を隠して表面を飾るものだと考えている。
⑤ 仏教を学んだ人の心は人の真実の心であり、「から心」とは相いれないものだと考えている。

／45点

10